漢江
한강

시조사랑시인선 43

권오학
시조집

漢江
한강

열린출판

權五學(권오학), 아호 華山(화산)
경북 봉화 출신
춘양중학교(2회), 영주농고(5회) 졸업
영남대학교 국어국문학과 졸업(학사고시 1회)
영덕, 영주, 안동, 대구시(행정공무원 근무)
한양유통 운영
영진시장 B동 재건축조합장
한민족 원류문제연구소장
시조사랑(현 계간시조) 신인문학상(1918년)
한국시조협회 회원(1918년)
한국문인협회 회원(2023년)
시조집 : 한강(漢江) 출간(2023년)
연락처 : 010-6259-7950

漢江 한강

1판 1쇄 발행 2023년 10월 30일

지은이 | 권 오 학
펴낸곳 | 열린출판
등록 | 제 307-2019-14호
주소 | 경기도 고양시 덕양구 권율대로 656, 1401호
전화 | 02-6953-0442
팩스 | 02-6455-5795
전자우편 | open2019@daum.net
디자인 | SEED디자인
인쇄 | 삼양프로세스

ⓒ 권오학, 2023
ISBN 979-11-91201-55-0 03810

*책값은 뒤표지에 표시되어 있습니다.
*저자와 협의하여 인지를 생략합니다.

■ 서문

필자筆者의 변辯

다언多言은 병病이고 번문煩文은 욕이라 했고, 문장文章도 뜻을 나타내고[言志] 참되면[眞實] 그만이라고 했다. 이것이 작품세계의 원론原論이라 사료思料되며, 시론詩論에서 시는 성정性情에서 나와 천기天機에 깊어야 하고, 천기는 본질本質 자연自然 개성個性이며, 본질은 영롱하고 정체된 나의 실체實體이다. 이는 시작의 본원本源이라 사료된다.

문장文章은 뜻이 분명하면[言志] 표현 과정에서, 아름다움의 본질本質은 진실眞實에 있는데, 진실을 밝히려면 말로서 꾸며야 한다. 꾸밈에는 자연적인 서술에서 문자文字의 시각 음운音韻의 청각 내면內面의 성정性情이 상호 조화가 있어야 한다고 본다. 즉 내면의 정서와 외형의 문자, 음운의 조화가 있어야 아름답고 진실한 문장이 성립된다고 보며, 여기에는 인위적 교巧와 재담才談 등은 제외되어야 한다. 작품은 문장文章 내용이 진실이 아니면 아무리 미사여구美辭麗句라도 허구虛句에 불과하다 사료된다.

우리는 세계에서 유일唯一한 분단分斷 국가고 휴전상태休戰狀態가 계속되는 현실에서, 문학 분야文學分野인 시대 반영時代反映이라는 사명을 외면해서는 안 된다고 보며, 글의 소재素材가 신변잡기身邊雜記와 음풍영월吟諷詠月에만 치우치지 말고, 나라의 현실이 불확실한 시대의 흐름에서 사회와 나라에 참여의 책임이 있다고 본다.

　프랑스의 철학자며 실존주의 작가인 장 폴 사르트르(1905~1980)는 "문학의 사명은 정치적, 사회적 현실을 변혁變革하기 위한 참여參與에 있다." 했고, "작가作家는 독자讀者의 역할이 중요하다." 강조했다. 그리고 문학은 아름다움을 탐구하고 인간 존재의 현실을 그려내는 것만으로도 충분한 가치가 있다고 본다. 그러나 시대 상황을 외면해서는 안 된다고 사료된다.

　중국 송宋대 장자張鎡(1153~1221)는 사학규범仕學規範에서, "무릇 문장은 문장 외에 별도일물別途一物이 주관한다 하며, 한유韓愈의 문은 경술經術, 두보杜甫의 시는 충의忠義, 이백李白은 천하의 기氣를 가볍게 하는 데 있다."

　이처럼 문장은 주지主旨를 분명히 하고, 미美를 추구하는 것은 누구나 할 수 있으나, 문장 외에 별도내면別途內面의 가치를 일반은 할 수 없다는 논리論理이다. 이는 상당히 중차대重且大한 문제라 사료된다. 작품세계에서 단순히 생각과 느낌의 표현을 넘어서, 문장의 저변低邊에 일관一貫되게 하나의 혼魂의 가치관을 가져야 한다는 생각이 앞선다.

　작품 과정作品過程에서, 글의 중심인 진실을 표현하고자 현장을 찾아보고, 역사적 고증을 거쳐 그 시점의 느낌을 표현코자 노력하였으며, 나라의 분단 현실을 외면할 수 없어서, 통일문제와 겨레의 미래상을 작품화하여, 뜻을 같이하는 사람에게 희망도 나누어 보았습니다. 그리고 문장은 단순한 작품이라도 문장 밖의 별도일물別途一物의 가치인 겨레의 혼魂을 일관되게 중시하였으며, 문장은 문인 전문가 보다는 독자의 편에서 알기 쉽게 표현하였으며, 특히 주註를 달아서, 진실을 소명하고 누구나 이해하기 쉽도록 노력하여 보았습니다.

　석양夕陽의 그늘에서 시조時調와 인연이 있어, 5년간 100여 편의 작품을 준비해 보았다. 마음은 앞서나 행동이 따르지 않아서 고민이 있었으며, 소재가 나만의 뜻에서 나와 어려움이 있었고 주저도 하였다. 어설픈 졸작拙作을 앞으로 필자筆者와 인연이 있는 분들께 깊은 양해諒解를 드립니다.
　작품作品의 소재素材는 역사歷史 윤리倫理 자연自然 관에 벗어나지 않았으며, 작게는 가정에 크게는 나라에 조금이라도 도움이 되었으면 하는 심정心情입니다.

끝으로 평소平素 시조에 관심이 있던 중, 종로서점에서 『현대시조 연구서』(김흥열 저)를 보고, 2018. 3. 20. 봉천역 부근에서 김흥열金興烈 이사장을 만나서 『현재 한국 시조의 흐름과 구성 체계』에 대해서 논의論議한 인연이 오늘 시조집時調集 출간出刊 결과가 되었음을 밝히고, 보잘것없는 졸작拙作에 대해서, 과분過分한 평評이 있어서, 스스로 자책自責하면서, 김흥열金興烈 이사장理事長께 깊은 감사의 정情을 표합니다.

특히 작품의 전 과정을 일목요연하게 전산정리電算整理에 노력한 홍정희洪貞姬 시인詩人의 성의誠意에 고마움을 표하고,

시조집時調集 출간出刊에 치밀하고 성의를 다하여 노력한 "열린출판" 임직원들께 깊은 감사의 정情을 표합니다.

그리고 화원악보華源樂譜 영인影印에 노력한 아들 석휘錫徽에게 고마움을 표하면서, 필자筆者의 변辯을 마칩니다.

2023. 8. 9.

화산서재華山書齋에서 권오학

■ 차례

■ 서문: 筆者필자의 辯변__5

제1부 백두산 천지

白頭山 天池 백두산 천지 ················ 17
淸凉山청량산 ······························ 18
鴨綠江압록강 ···························· 19
秋風추풍 ································· 20
統一門통일문 앞에서 ··················· 21
彈琴臺탄금대 ···························· 22
가을의 女人여인 ························ 23
제3 땅굴 ································· 24
秋夕 斷想추석 단상 ····················· 25
戊戌 除夜무술 제야 ····················· 26
新正신정 새벽에 ························ 27
彈劾탄핵 ································· 28
讚壽石찬 수석 ··························· 29
落星垈낙성대 ···························· 30
朴大統領 墓域박 대통령 묘역에서 ····· 31
德津公園덕진공원 연못 ················· 32
梅窓公園매창공원에서 ·················· 33
華陽洞3曲화양동3곡에서 ··············· 34
三田渡삼전도를 찾아서 ················· 35
安重根안중근 評傳평전을 읽고 ········· 36
그날이 다시 오면 ······················· 37

9

제2부 10.3 항쟁

10.3 抗爭항쟁 ･･････････････････････････････ 41
平和평화와 統一통일 ･････････････････････････ 42
春來不似春춘래불사춘 ････････････････････････ 43
啄木탁목 ･････････････････････････････････ 44
七月七夕칠월칠석 ･･･････････････････････････ 45
伴鷗亭반구정 ･･････････････････････････････ 46
花石亭화석정 ･･････････････････････････････ 47
未完미완의 꿈 ･････････････････････････････ 48
勿哭碑물곡비 ･･････････････････････････････ 49
價値가치의 常識상식 ････････････････････････ 50
名分명분과 正義정의 ･････････････････････････ 51
剛直강직한 선비 ･･･････････････････････････ 52
깊은 그 恩惠은혜 ･･･････････････････････････ 53
祭禮제례의 本質본질 ･････････････････････････ 54
回想회상 ･････････････････････････････････ 55
高潔고결한 선비 ･･･････････････････････････ 56
賢明현명한 母性모성 ････････････････････････ 57
열두 해 戰爭전쟁 ･･････････････････････････ 58
慰勞宴위로연 ･･････････････････････････････ 59
촛불 政變정변 ････････････････････････････ 60
葛藤갈등 ･････････････････････････････････ 61
病床병상에서 ･･････････････････････････････ 62
變化論변화론 ･･････････････････････････････ 63

제3부 태백산

太白山태백산 ················· 67
青岩亭청암정 ················· 68
浮石寺부석사 ················· 69
世界觀세계관 ················· 70
均衡論균형론 ················· 71
陶山書院도산서원 ············· 72
마음 ························· 73
光復節광복절 有感유감 ········ 74
彈劾白書탄핵백서 읽고 ········ 75
故鄕고향 ····················· 76
天道천도의 世界세계 ·········· 77
靴만, 舍第사제 五奎오규 ······ 78
茶香다향에서 ················· 79
松江송강마을 찾아서 ·········· 80
辛丑 除夜신축 제야 ··········· 81
時乎不再來때는 두 번 오지 않는다 ··· 82
그날의 追憶추억 ·············· 83
因緣인연 ····················· 84
街童가동의 追憶추억 ·········· 85
3월 9일 大選대선을 앞두고 ···· 86
餘白여백 ····················· 87
孝효의 本質본질 ·············· 88
鄭珉정민 教授교수의 點檢점검 · 89

제4부 천연

生活觀생활관 ················· 93
天緣천연 ··················· 94
興家論흥가론 ················· 95
追慕추모 鄭述鉉정술현 同門동문 ········ 96
南原남원의 5월 ··············· 97
覺皇殿각황전의 祕密비밀 ··········· 98
晋州城진주성의 늦은 5월 ·········· 100
矗石樓촉석루 ················ 101
密陽밀양의 嶺南樓영남루 ··········· 102
冊책의 價値가치 ··············· 103
茶山先生다산선생 遺蹟地유적지를 찾아서 ······ 104
追慕추모, 李正勳이정훈 同志동지 ········ 105
옛 情정의 追憶추억 ············· 106
文武大王 水中陵문무대왕 수중릉 ······· 107
善德女王선덕여왕 ·············· 108
太宗태종 武烈王무열왕 ············ 109
金庾信 將軍김유신 장군 ··········· 110
追慕추모 明虛명허스님 ············ 111
가을의 追想추상 ·············· 112
濟州제주의 三姓穴삼성혈 ··········· 113
秋史추사의 流配地유배지에서 ········· 114
西歸浦서귀포의 가을밤 ··········· 115
魂혼의 價値가치 ··············· 116

제5부 한강

漢江한강 ············· 119
統一통일로 가는 길 ············· 121
扶餘부여의 늦은 가을 ············· 122
石洲先生석주선생 氣像기상 ············· 123
島山先生도산선생 人格인격 ············· 124
未完미완의 情정 ············· 126
첫눈 오는 날 ············· 127
統一통일은 平和평화다 ············· 128
送年會송년회 ············· 129
겨레의 未來像미래상 ············· 130
精정과 義의 ············· 131
봄이 오는 公園공원에서 ············· 132
華藏山화장산 ············· 133
洛東江낙동강 ············· 134
陟州東海碑척주동해비 ············· 136
鏡浦臺 夜景경포대 야경 ············· 137
나의 根本근본은 祖上조상이다 ············· 138
家風가풍을 尊重존중하자 ············· 139
自畵像자화상 ············· 140
蘆沙先生 逸話노사선생 일화 ············· 141
四季사계의 秩序질서 ············· 142

평론: '한강'이 품은 뜻은 ············· 145

13

追記

가을의 독백 ………………………………… 169
花源樂譜 新考 ………………………………… 174

후기: 餘白여백의 章장__190

제1부 백두산 천지

白頭山 天池 백두산* 천지**

한민족 힘찬 정기 백산에 뭉쳐 있고
영겁의 생명수가 삼강을 품고 있네
오늘은 파란 하늘도 웃음으로 답한다.

웅장한 그 위용에 마음이 숙연하고
광야서 이는 바람 가슴이 서늘하며
신비한 하늘 못에서 새 기운이 솟는다.

유구한 개국 기원 면면히 이어오고
위대한 민족혼은 오늘도 영원하며
우뚝 선 백산 영봉에 붉은 태양 장하다.

아득한 요동 벌판 운무에 가려있고
멀리서 군마 소리 바람결에 들려오네
앞날은 우리의 강산 무궁화꽃 빛난다.

(2014. 8. 29. 시조사랑 13호)

* 백두산: 북한 양강도 삼지연군과 중국 길림성에 걸친 산으로, 높이 2,750m다. 서파에서 오르는 계단은 1,440계단이다.
** 천지天池: 수면의 고도 2,190m, 최고 수심은 384m, 남북 거리는 4.85m, 동서는 3.55km, 둘레는 14.4km, 면적은 9,165m²다.

清凉山청량산[*]

오늘의 청량정사 오는 길 반겨주고
옛날의 김생굴은 자취만 남았는데
우리는 외청량길서 절벽 위를 걷고 있다.

낙동강 언저리에 철쭉꽃 붉게 피고
청량산 열두 봉에 석양이 아름다워
이곳을 찾은 나그네 다시 한번 돌아본다.

(1965.5.8. 안동군보)

---

[*]청량산淸凉山: 경북 봉화군 명호면 북곡리에 위치하고, 높이 870m 이며, 도립공원이다.

鴨綠江 압록강*

집안현 압록강서 뱃놀이 즐겼는데
물빛이 너무 짙어 검은색 착각하고
강물은 스스로 흘러 한강 물과 교류한다.

강 건너 산등에는 나무는 안 보이고
주민들 몇 사람이 우리를 바라보네
한국서 못 보는 광경 이국에서 보고 있다.

(2014. 8. 31.)

* 압록강鴨綠江: 우리나라와 중국과의 국경을 이루면서 서해를 흘러 가는 강으로, 길이 925.50km이다.

秋風추풍

오늘도 이른 아침 북창을 열었는데
엊그제 개나리가 새봄을 반기더니
어느덧 은행 한 잎이 가을임을 재촉한다.

바람이 쓸쓸하고 역수물 차가우며*
큰바람 일어나고 먹구름 어지럽네**
그날에 처한 심정을 생각 없이 읊어 본다.

(2017. 9. 15.)

---

* 風蕭蕭兮易水寒……(풍소소혜역수한……)
   전국시대 연나라 형가荊軻가 진시황을 암살하려고, 역수를 건너면서 읊은 시의 일부
** 大風起兮雲飛揚……(대풍기혜운비양……)
   중국 한고조 유방劉邦이 천하를 통일하고, 고향에 와서 잔치를 베풀고, 지난 일을 회상하면서 읊은 시의 일부

統一門 통일문 앞에서

이념에 춤을 추고 정의는 간곳없어
나라가 어지럽고 현상現象이 급변하네
궁하면 통하는 진리 역경에서 찾아본다.

천시天時가 오는 소리 지축에 진동하네
시대가 찾고 있다. 김춘추 김유신을
통일은 위대한 역사 경건하게 기원한다.

(2018. 6. 25. 시조사랑 10호 신인상)

彈琴臺탄금대*

충주호 남한강은 도도히 흘러오고
절벽 밑 달천강은 유유히 흘러가며
고요한 풍유의 터에 전흔으로 우울하다

공 없는 배수진만 전설이 되어 있고
팔천 명 원혼들은 어딘지 간 곳 없어
석양에 날은 더운데 탄금 소리 신선하다.

(2018. 8. 2)

---

* 탄금대彈琴臺: 충북 충주시 칠금동 탄금 공원에 있는 충북기념물 제4호이며, 신라 진흥왕 때 우륵이 탄금하던 곳이고, 조선 임진왜란 때 도순변사 신립申砬(1546-1592) 장군이 왜장 소서행장과 싸우다가 8,000 군중과 옥쇄한 곳이다.

가을의 女人여인

그 옛날 밝은 미소 오늘도 생각나네

가을밤 이슬길에 알알이 영근 사연

지금은 저 하늘에서 별이 되어 반짝인다.

(2018. 9. 5. 시조사랑 11호)
(2022. 4. 7. SIJO 영문판)

제3 땅굴*

새벽에 선을 넘어 나라가 전쟁터로
청와대 습격 이어 지하로 기어 오네
전쟁은 대의大義 아니면 하늘 그물 받는다.

나라가 분단되고 뼈아픈 민족 희생
민족을 희생하고 말마다 민족끼리**
거짓은 망해 가는 문 땅굴로서 밝힌다.

(2018. 9. 15. 시조사랑 17호)

---

* 제3땅굴: 경기 파주시 군내면 제3땅굴로 210-358에 위치하며, 1978년 아군에 의해 발견되었다. 서울에서 44km이다. 땅굴 총길이는 1,635m로 1시간당 3만 명 병력 이동이 가능하며, 이 땅굴은 남침용으로 1972년 5월부터 김일성 교시로 공사가 시작됐다.
** 민족끼리: 북에서 대남 선전 매체

秋夕 斷想 추석 단상

한가위 차례상은 천신이 바른 예절
조상께 예 올리고 자손은 복을 받아
추석은 우리의 유산 추원보본 잊지 말자

혼 나간 자유인*이 해마다 늘어나고
나라도 길을 잃어 미로에 방황하네
저 하늘 밝은 달 보며 오는 국운 기원한다.

(2018. 9. 24. 시조사랑 11호)

* 자유인自由人: 차례에 관심 없는 모든 사람

戊戌 除夜 무술 제야

국론은 분열되고 사회가 혼란한데
안 보는 태산이고 경제는 심연이네
북 체제 찬양선동자 역사의식 백치다.

(2019. 2. 4)

新正신정 새벽에

한 해를 회상하니 떠오른 많은 영상
지난 일 허실 있고 오는 일 알 수 없어
앞날은 천기의 세계 바른길이 순리다.

(2019. 3. 1. 시조사랑 12호)

彈劾탄핵

촛불이 광풍 되어 대통령을 탄핵하고
정론이 실종되니 사설이 난무하네
이날은 역사의 불행 고종퇴위* 연상된다.

반란군 육십이 명 기회주의 배신자들
정의는 간 곳 없고 이완용의 전철 밟아
불행 중 태극기 의병 민족정기 살아있다.

(2019. 3. 1. 시조사랑 12호)

---

* 고종퇴위高宗退位: 1907년(광무11년) 헤이그 밀사 사건으로, 일제의 강압과 이완용 등의 반란으로 고종이 강제 퇴위 되었다. 순종이 즉위하였으나, 4년 후 1910년 8월 29일 제한제국은 망하였다.

讚壽石 찬 수석

웅장한 백운대와 기괴한 비로봉아
삼각산 개골산이 나란히 앉아 있어.
사람은 믿지 못하나 너의 뜻은 군자다.

억겁을 강에 놀다 만나니 인연이요
옆에서 지켜주니 정 있고 의가 있어
인연에 의가 있으니 신의 조화 뜻있다.

(2019. 5. 22)

落星垈 낙성대*

안국사 웅장하나 찾는 이 거의 없고
앞뜰에 삼층탑은 장군과 연이 있어
위대한 구국 역사는 사적비에 선명하다.

광장에 기마상은 북진을 상징하고
늦은 봄 석양 길에 인헌공** 볼 수 없어
유허비 향나무 함께 낙성대를 지킨다.

(2019. 6. 1. 시조사랑 13호)

---

* 낙성대落星垈: 서울시 관악구 봉천동 218-9번지에 위치하며, 강감찬姜邯贊(948-1031) 장군의 출생지다. 태어날 때 큰 별이 떨어졌다는 일화에서 유래한다.
** 인헌공仁獻公: 강감찬 장군의 시호다.

朴大統領 墓域박 대통령 묘역에서

신선한 묘역 안은 벌집이 되어 있고
여름의 잔디 빛은 가을이 완연하네
쇠말뚝* 미친 저주는 망국노의 난동이다.

국론이 분열되고 사회가 어지러워
백주에 요괴 나고 망나니 춤을 추네
천추에 무도한 만행 푸른 하늘 보고 있다.

현충원 호국선열 마음이 불편하고
온 나라 많은 국민 불의에 분노하네
천심은 분노한 민심 하늘길은 바로 간다.

(2019. 7. 16. 시조사랑 16호)

* 쇠말뚝 : 2019년 3월경 박 대통령 묘소관리인 속칭. 갈매기(이정윤)가 쇠말뚝을 처음 발견하였다. 여론이 조성된 후 국방부자료(조원진 의원 요청)에 "현충원에서 쇠말뚝 4,700여 개 구입 후, 2019. 7. 4. 현재 4,500여 개 제거했다."라고 확인했다.

德津公園덕진공원* 연못

앞에는 아름다운 선경이 나타나고
하늘에 바람이니 천상화 군무하네
오늘은 팔자에 없는 천상 선인 된 듯하다.

둘레길 걷다 보니 꽃들은 따라오고
햇빛에 천상화가 너무나 아름다워
석양에 연꽃에 취해 다음 갈 길 늦어진다.

(2019. 7. 18. 시조사랑 16호)

* 덕진공원德津公園: 전북 전주시 덕진구 덕진동 덕진 공원에 위치하며, 특히 덕진 연꽃은 전주 8경의 하나이다.

梅窓公園매창공원*에서

부안 땅 매창공원 경내가 깨끗하고
시비는 질서 있게 비림을 이루었네
촌은**과 아름다운 정 이화우에 엿보인다.

매창 묘 혈육 없이 오늘까지 이어왔고
그 이름 이웃 있어 앞으로도 영원하리
묘비 옆 명원 매창 묘 오늘날의 명당이다.

더위에 쉬고 있어 매창 바람 시원한데
어디서 바람결에 탄금 소리 들려오네
그 옛날 즐겨 부르던 상사곡이 은은하다.

(2019. 7. 19.)

---

* 매창공원梅窓公園: 전북 부안군 부안읍 봉덕리에, 매창 묘가 있는 공원이다. 묘는 전북기념물 제65호다. 매창(1573-1610)은 이탕종의 딸로 본명은 향금香今, 호는 매창. 계랑, 조선조 여류시인으로 매창집(한시 57수)과 시조 한 수가 전한다.
** 촌은村隱: 유희경의 호

華陽洞3曲 화양동3곡*에서

화양동 찾고 보니 산수가 아름답고
낙양산 경사터에 만동묘** 우뚝한데
묘정에 파괴된 비문 한을 안고 누워있다.

같은 곳 화양서원 찾는 이 거의 없고
시운이 지나가니 옛 영화 공허하네
배신자 판치는 오늘 의義의 가치 빛난다.

(2019. 7. 29. 시조사랑 18호)

---

* 華陽洞 3曲: 충북 괴산군 청천면 화양리에 화양 9곡 중 3곡이다. 조선조 유학자 송시열宋時烈 선생先生이 중국 무이9곡을 닮았다고 해서 지은 명칭이다.
** 만동묘萬東廟: 중국 명나라가 임진왜란 때, 파병한 의로 신종神宗과 마지막 황제 의종毅宗을 배향한 사당이다.

三田渡삼전도*를 찾아서

귀연님** 만나면서 삼전도 쉽게 왔네
앞에는 롯데타워 뒤에는 석촌 호수
여기가 치욕의 역사 송덕비가 서 있다.

승자는 삼백 년간 중원을 호령하고
왕궁의 후원에서 편안히 누웠는데
나라는 호란 만들고 주화主和 척화斥和 싸운다.

(2019. 9. 1. 시조사랑 14호)

* 공덕비功德碑, 삼전도비三田渡碑: 공덕비는 경기도 광주군 중대면 송파리 삼전도에 있었으나, 2010년 현재 송파구 잠실동 47번지에 이전한 대청황제공덕비며 사적 101호다.
** 귀연貴蓮님: 고귀연高貴蓮님으로 경북 군위군 출신이며 교육 사업가로 송파구에 거주하고 있다.

安重根안중근 評傳평전*을 읽고

하늘엔 별이 총총 새벽이 밝아올 때
수양산 영기 받아 칠성을 몸에 품고
이 땅에 동방의 샛별 응칠이가 태어났다.

단지회 열두 사람 겨레 혼 살아나고
피로써 대한독립 태극기에 선명하며
뜻한 바 민족대의면 성패 떠나 앞장섰다.

사흘 전 장부가로 큰 뜻을 다짐하며
하얼빈 총소리에 이토는 지옥 가고
위대한 대한의 영웅 안중근은 탄생했다.

의연한 그 기상은 하늘이 감동하고
거룩한 그 자취는 청사에 영원하네
한민족 자유통일도 혼과 의로 완성하자.

(2019. 9. 1. 시조사랑 14호)

* 안중근安重根 평전評傳: 저자著者는 황재문 박사로 서울대학교 규장각 교수로 재직 중이고, 응칠應七은 안중근安重根 의사의 자字이다.

그날이 다시 오면

반변천* 영근 사연 희망의 빛이 되고
해인사 맑은 계곡 마음의 정이었네
아프다 현세의 인연 어이 그리 짧은가?

혼자서 생각하니 지난 일 미안하고
할 말을 너무 많고 후회도 끝이 없어
한가위 며칠 앞두고 깊은 정이 밀려온다.

(2019. 9. 5. 시조사랑 15호)

---

* 반변천半邊川: 경북 영양군 일월산에서 발원하여 낙동강 상류 안동시로 유입되는 길이 89km이다. 현재 안동시 길안면과 임동면 경계에는 임하호가 형성되어있고 주위에는 의성김씨 지례 종택과 예술촌이 있다.

제2부 10.3 항쟁

10.3 抗爭항쟁*

기해년 10월 3일 삼백만 태극 의병
정의를 지키려고 분연히 일어나서
그 함성 바다를 건너 온 누리에 울린다.

지축이 요동치니 북한산도 굽어보고
하늘도 감동하여 햇볕으로 응원하네
이날은 민족정기가 바로 서는 날이다.

(2019. 10. 3. 시조사랑 18호)

---

* 10.3 항쟁抗爭: 2019. 8. 9. 문재인文在寅 대통령은, 조국曺國을 법무 장관으로 임명하였다. 그 결과 10.3 개천절을 기해서 유사 이래 300만이란 인파가 광화문에서 서울역 주변 일대는 입추의 여지가 없었다. 이날 시위의 구호는 대통령 하야, 조국 구속이었다. 이 항쟁으로 2019. 10. 14. 조국은 장관직을 사퇴했다.

平和평화와 統一통일

한겨레 명분으로 적국과 손을 잡고
서울은 인공기가 휴전선 무장해제
무술년 군사합의서 많은 국민 우려한다.

개인 간 계약서도 꼼꼼히 챙기는데
오천만 생명 재산 안보가 위험하네
적의 말 잘못 믿으면 민족사의 죄인 된다.

비핵화 안 된 평화 희화된 가짜 평화
자유가 빠진 통일 숨겨진 적화통일
경술년 합방 늑약도 평화 문안 들어 있다.

폭군*을 처단하고 백성을 위로하니
때마침 단비 내려 온 백성 환호하네
진정한 평화통일은 대의에서 시작된다.

(2019. 12. 1. 시조사랑 15호)

* 폭군暴君을 처단하고……. 誅其君 弔其民 若時雨降 民大悅 (孟子 梁惠王 下篇) 주기군 조기민 약시우강 민대열 (맹자 양혜왕 하편)

春來不似春 춘래불사춘

거실 옆 화분에는 호접란 우아하고
북창 밖 정원에는 벚꽃이 화사하며
때 되어 봄은 왔는데 우리 봄은 겨울이다.

모임을 할 수 없어 자유도 간 곳 없고
사람은 우울하고 온 나라 감옥이네
중국산 우한 코로나* 뭐가 좋아 개방했나?

(2020. 4. 1. 시조사랑 17호)

---

* 우한武漢 코로나: 코로나는 중국 우한에서 처음 발생한 바이러스로서 현재 세계에서 창궐하고 있다. 2020. 1. 20일경 우리나라에서 처음 발생할 때 의사협회 전문가들은 중국인 입국을 반대하고 청와대에 청원까지 했으나 대통령은 "중국과 고통을 같이 나누자" 하면서 중국인 입국을 개방하여, 코로나 창궐의 원인을 제공했다. (경기도 의사협회 이동욱 회장. 전광훈 목사와 대담에서 증언)

啄木 탁목*

탁목은 쉬지 않고 고목을 탁탁 쪼아

고목은 반이 되나 탁목은 걱정 않네

강풍에 고목 꺾이면 탁목 너도 살길 없다.

(2020. 7. 25)

---

* 탁목啄木: 탁목은 딱따구리. 본 원문은 전승되어 오는 작자 미상의 한시인데, 시대 현상이 내용과 같아서 시조화 하였다. 원문原文 啄木休啄木(탁목휴탁목) 古木如半木(고목여반목) 風雨寧不憂(풍우영불우) 木摧爾無屋(목최이무옥)

七月七夕 칠월칠석

천상에 견우직녀* 농사짓고 베 짜면서
일 년에 한 번 쉬니 사는 것 걱정 없네
우리네 견우직녀는 사는 것이 괴롭다.

그리움 사무쳐서 눈물이 비가 되나
은하수 사이 두고 일 년 후 희망 있어
우리는 캄캄 철야에 밝은 희망 안 보인다.

(2020. 8. 25)

---

* 견우직녀牽牛織女: 견우와 직녀 전설이 있는 나라의 남자와 여자의 총칭이다. 생활경제가 불황으로 흐르다가 2020년 초부터 중국산 우한 코로나가 유행하면서 경제가 위축되고, 특히 현 상황이 언제 끝날지 알 수 없어서 앞날의 불확실성이 가중되고 있다.

伴鷗亭 반구정*

저 멀리 임진강은 말없이 흘러오고
가까운 무명산도 고요히 다가오네
아쉽다 갈매기 군무 보이지를 않는다.

안에는 허미수의 기록이 선명하고
밖에는 김원곡의 현판이 반듯한데
우뚝 선 천하승경에 금상첨화 빛난다.

창업 초 혼란기에 나라를 안정하고
영예를 다 누리고 강호에 자적했네
방촌공 화和의 가치를 이 시대가 바란다.

(2020. 9. 4)

* 반구정伴鷗亭: 경기도 파주시 문산읍 사북리산 127번지에 위치하고, 황희黃喜(1363-1452) 선생이 관직에서 물러나 갈매기를 벗 삼아 여생을 보냈던 곳이다.
선생의 호는 방촌, 시호는 익성翼城, 본은 장수, 조선조 태종 때 영의정을 지낸 정치가며, 청백리다. 경기문화재 자료 제12호다.

花石亭 화석정*

멀리서 임진강은 굽이쳐 흘러오고
주위의 많은 산도 조용히 예를 하며
화석정 걸어온 자취 많은 애환 남는다.

더위에 바람 이니 사야가 시원하고
율곡의 팔세시가 서편에 단정하며
대통령 화석정 현판 그 무게가 역사다.

(2020. 9. 4)

---

* 화석정花石亭: 경기 파주시 파평면 화석정로 152-72번지에 있다. 율곡 이이李珥(1536-1584) 선생이 관직에서 물러나서, 제자들과 학문을 논하면서 여생을 보낸 정자다. 율곡은 시가 문성文成, 본관은 덕수다. 우참찬과 양관 대제학을 역임하고, 문묘에 배향되었다.

未完미완의 꿈

뒷산을 등에 업고 앞산을 바라보며
이백 평 대지 위에 한옥이 디귿자형
고요한 고향 옛터에 미완의 꿈 생각난다.

봄기운 화창하면 선비화 향이 깊고
가을 달 밝아오면 벽오동 봉황 오네
깨끗한 별천지 땅에 미완의 꿈 설계한다.

(2020. 9. 15)

勿哭碑 물곡비*

물곡비 주위에는 비림이 되어 있고
앞에는 영산강이 고요히 흘러가며
아담한 백호문학관** 그의 뜻이 빛난다.

임종 때 아들에게 물곡사는 혼이었고
평양길 묘소에서 청초시는 뜻이었네
생사에 초연한 기상 그 언행이 멋있다.

(2020. 11. 14)

---

* 물곡비勿哭碑: 백호白湖 임제林悌(1549-1587)는 선조 대 문신으로 39세, 임종 때 아들에게 물곡사勿哭辭란 유언을 비석에 기록한 글이 물곡비다.
  白湖 林先生 臨終 誡子 勿哭辭(백호 임선생 임종 계자 물곡사)
  四夷八蠻 皆呼稱帝(사이팔만 개호칭제), 唯獨朝鮮 入主中國(유독 조선입주 중국), 我生何爲 致死何爲(아생하위 치사하위), 勿哭(물곡)
** 백호문학관白湖文學館: 전남 나주시 다시면 화원길8(화전리 103)

價値가치의 常識상식

하늘은 자연이고 예절은 질서이며
순리와 겸손은 가치의 상식이네
잃었던 사람의 가치 상식에서 찾는다.

평소에 숨었다가 사변에 나타나서
기회를 이용하여 이해에 편승하면
이런 자 배신자로서 간교함이 본성이다.

(2020. 12. 10)

名分명분과 正義정의

모든 일 시작에는 명분이 선행되고
명분의 전면에는 정의가 따라가며
진리는 단순 명쾌가 기본이고 본질이다.

광풍에 혼이 나간 기회주의 배신자들
그 정신 이어받아 국민의 힘 대표*란 자
제소한 전직 대통령 사죄하네 떠든다.

(2020. 12. 20)

---

* 대표代表: 이 당 저 당 왔다 갔다 하는 김종인 국민의힘 비상대책위원장이 비상대책은 하지 않고, 2020. 12. 15. 국회에서 제소 중인 전직 대통령에 대해서 국민에게 사죄하는 희극을 연출하였다.

剛直강직한 선비
-선고先考 34주년 기일忌日에

광복 전 일제 만행 풍운을 겪으셨고
광복 후 좌우 대립 평화에 힘썼으며
경인년 일주일간이 천행으로 무사했다.

강직한 선비로서 가풍을 지켜왔고
삼년간 서울에서 조용히 계시다가
창졸간 세상 뜨시니 애통함이 가이없다.

(2021. 1. 4. 陰. 庚子年 12. 15)

깊은 그 恩惠은혜
-조모님祖母任 46주년週年 기일忌日에

비 오니 우산 들고 학교에 와 주셨고
해마다 생일이면 기장떡 만드셨네
슬프다 깊은 그 은혜 오늘까지 안고 있다.

추운 날 냉이 캐서 제수를 준비했고
제기는 손수 살펴 깨끗이 보관했네
제사를 받드는 성심 그 마음을 지킨다.

(2021. 2. 4. 陰. 庚子年 12. 23)

祭禮제례의 本質본질

예절은 인정에서 스스로 생겼으며
제례는 예절로서 사례 중 하나이네
사람이 만물과 다른 첫 기준이 예이다.

누구나 조상 있고 집마다 제사 있어
제례는 추원보본 예로써 보은하네
양심에 예가 없으면 사람과는 다르다.

(2021. 2. 7)

回想 회상

어릴 때 인연 있어 위험에 탈출하고
가는 길 일분 차가 생사를 달리했네
순간에 일어난 문제 생과 사는 명이다.

군 시절 친구 있어 병사서 근무했고
그곳서 친구 만나 학구의 기회 생겨
때 되어 만나는 사람 그 사람이 연이다.

(2021. 2. 15)

高潔고결한 선비
-조부님祖父任 67주년週年 기일忌日에

자다가 목마르면 찬물을 떠오셨고
광복 후 삼년 동안 한문 뜻 전수하며
최초로 창조철학*의 가치관이 새롭다.

고결한 선비로서 향중군자 칭호 있고
관리한 선조 묘역 연고권을 찾았으며
늦게야 기일 맞아서 큰 가르침 깨닫다.

(2021. 2. 16. 陰 辛丑年 1. 5)

* 창조철학創造哲學: 어떤 목표에서, 시대의 선을 지향해 창조하는 이론으로, 가치관을 정립하고 해결하는 철학이다. 타인의 이론과 행동을 무조건 따라가지 않고 그 이론과 행동을 순수하고 냉철한 마음으로 비판하여, 모순이 있으면 합리적 이론을 정립해서 실용에 활용하자는 철학이다. 결론은 다른 사람의 성공한 일이라도 무조건 따라가면 결과를 예측할 수 없고, 더 좋은 성공은 기대할 수 없다는 철학이다.

賢明현명한 母性모성
-선비先妣 39주년週年 기일忌日에

제사는 가례 따라 성으로 받드셨고
손님은 어느 때나 예로써 대하셨네
현명한 모성으로서 재와 덕을 겸했다.

주위가 어두워도 표정은 항상 밝고
인화에 힘쓰시고 언쟁은 본 적 없어
계실 때 훌륭한 언행 깊은 뜻을 받든다.

(2021. 3. 6. 陰 辛丑年 1. 23)

열두 해 戰爭전쟁*

시작 때 강가에는 버들잎 푸르더니
끝날 때 들판에는 눈비가 어지러워
가는 길 멀고 험해도 의연하게 오늘 있다

처음의 전면전은 순리로써 이겨내고
재차의 국지전은 전략으로 끝을 맺어
내 마음 어려운 고통 혼자만이 안고 간다.

(2021. 3. 21)

---

* 열두 해 전쟁戰爭: 열두 해 전쟁은 2009. 2. 6. 시작해서 2021. 1. 28. 끝났다. 이는 나와 관련된 법률적 문제를 실제 전쟁으로 형상화 하였다.

慰勞宴 위로연

열두 해 머나먼 길 전쟁은 끝났는데
많은 일 숨은 고통 아는 이 거의 없어
소담素淡님 오직 한 사람 지난 일을 위로한다.

(2021. 3. 31)

촛불 政變정변

혁명은 정의이고 명분은 치세인데
정의는 간곳없고 결과는 난세이네
애초에 혁명은 없다. 말끝마다 촛불 혁명

적국이 호령하면 그 행동 나는 같고
동맹국 안보 지원 결과는 거북이네
나라는 캄캄칠야에 밝은 새벽 그립다.

(2021. 5. 8)

葛藤갈등

가정은 개인주의 질서가 무너지고
사회는 기회주의 정의는 볼 수 없어
송백은 보이지 않고 갈등만이 보인다.

(2021. 5. 12)

病床병상*에서

한밤에 잠은 없고 사야가 고요한데
지난날 어디 가고 병상에 혼자 있어
병명도 캄캄하면서 무인도에 온 것 같다.

시간은 계속 흘러 새벽은 밝아오고
오늘이 사흘인데 시간은 삼 년 같아
병명은 무슨 대장염 오늘날의 현실이다.

(2021. 5. 18)

---

* 병상病床: 코로나 백신(화이자)을 5월 13일 2차 접종하고 3일째 되는 날, 5월 15일 오후 9시경 "오한이 나고 39도의 열이 있고 의식이 몽롱하여" 고대 구로병원에 긴급 입원해서 5월 22일에 퇴원했는데, 병명은 대장염이다. 의사의 의견에 동의하지 않는다.

變化論 변화론

천운이 순환하여 자연도 변화하고
역사의 흥망에도 변화가 관여하며
변화는 역경의 원리 일초라도 쉴 수 없다.

한 생각 싹이 트면 행동이 변화하고
행동이 변화하면 결과도 달라지며
변화는 순환의 원리 순리의 길 따르자.

(2021. 7. 20)

제3부 태백산

太白山태백산[*]

백산서 뻗은 정기 태산에 뭉쳐 있고
위대한 조화력은 삼남을 포용하며
눈앞에 영남 천리가 물결처럼 펼쳐진다.

산허리 천년 주목 고절을 자랑하고
골짜기 만년 약수 주야로 솟아나며
정상에 단종 전설은 신화되어 내려온다.

북쪽을 바라보니 운무가 아득하나
주위를 돌아봐도 막힘이 하나 없어
지금은 통일 무장한 지도자를 바란다.

(2021. 5. 24. 시조사랑 24호)

---

[*] 태백산太白山: 경상북도 봉화군과 강원도 태백시 경계에 위치하고, 높이 1,567m(장군봉)이고, 국립공원이다.

靑岩亭 청암정[*]

태백산 힘찬 정기 유곡에 뭉쳐 있고
문수산 맑은 물은 삼계로 흘러오며
용머리 거북 바위에 수중 선경 아름답다.

선경에 밝은 달은 나라에 빛이 되고
미수공 전서현판 금상에 꽃이 피며
신비한 청백의기가 탁한 세상 맑게 한다.

(2021. 6. 1. 시조사랑 21호)

---

* 청암정靑岩亭: 경북 봉화군 봉화읍 유곡리에 있으며, 중종4년 (1519) 충정공께서 창건하였으며, 지정문화재 사적 명승 제3호다. 충정은 권벌權橃(1478-1548)공의 시호. 자는 중허, 호는 충재다. 조선 중종조에 경상감사 한성판윤, 예조, 병조판서, 우찬성을 역임하고 을사사화로 삭주 적소에서 서거하였으며, 선조 때 좌의정에 추증하고, 후에 광국훈으로 영의정에 가자되었다. 두 번 추증은 조선조에 초유의 일이다.

浮石寺 부석사*

봉황산 경사 터에 큰 가람 새워지고
앞에는 영남 천리 한눈에 펼쳐지며
화엄종 근본 도장이 이곳에서 시작됐다.

해마다 5월이면 보리수 꽃이 피고
이슬비 혜택 없이 선비화 만발하며
이 밖에 무수한 전설 신화되어 내려온다.

천운이 순환하여 천여 년 지났는데
세상은 변하여도 고통**은 그대로네
앞으로 이 땅 위에서 극락정토 언제일까?

(2021. 6. 1. 시조사랑 21호)

* 부석사浮石寺: 경북 영주시 부석면 북지리, 봉황산 중턱에 위치한 절, 신라 문무왕 16년 (676) 의상조사가 왕명으로 창건하였으며, 화엄종의 근본도장이다.
** 고통苦痛: 반야심경에 나오는 8고(生, 老, 病, 死, 愛別離, 怨憎會, 求不得, 五陰盛) 等

世界觀세계관*

하늘은 무형이나 이로서 운행하고

세상은 유형이나 기로서 활동하며

세계는 무형 세계가 실존 세계 지배한다.

(2021. 7. 18)

---

* 세계관世界觀: 여기서 세계관은 이理의 관점에서 본 것이다.

均衡論 균형론

이른 봄 수많은 꽃 아름답게 피어 있고
가을 밤 무수한 별 질서 있게 운행하며
우주는 균형 원리로 자연 질서 유지한다.

하늘은 우주 마음 무형의 중심이요
사람은 하늘마음 유형의 중심이며
마음에 우주가 있어 균형론이 자연이다.

(2021. 7. 25)

陶山書院도산서원*

강산이 몇 번 변해 오는 길 처음 같고
푸른 산 빛이 나며 맑은 호湖 아름다워
좌우에 낙락장송도 예를 알아 겸손하다.

반듯한 남향 서당 많은 사연 간직하고
구국의 이理의 철학 장서각에 자고 있어
시급히 잠을 깨워서 어둔 세상 빛을 내자.

(2021. 7. 31. 계간시조 25호)

---

* 도산서원陶山書院: 퇴계 이황(1501-1570) 선생의 학덕을 추모하기 위하여, 문인과 유림이 중심이 되어서 선조7년(1974)에 창건한 서원이다. 경북 안동시 도산면 토계리에 위치하며, 사액서원으로 현판은 석봉 한호의 글씨며, 4,000여 권의 장서가 장서각에 보관되어 있다.
  선생의 시호는 문순文純이고, 조선 명종조에 공조, 예조판서와 우찬성. 양관 대제학을 역임하고 문묘에 배향했다. 성리학자로서 이기이원론理氣二元論을 주장했다.

마음

하늘은 예측 못한 비바람 일어나고
사람도 알 수 없는 희비가 찾아오며
마음은 천심이 고향 그 작용은 하나다.

사람은 태어날 때 천성을 받았으나
살면서 변하므로 항심이 필요하네
마음은 창조의 동력 가는 길은 하나다.

(2021. 8. 13)

光復節광복절* 有感유감

필요한 책 사려고 교보문고 가는 길에
경찰의 제지 선을 수십 차례 뚫으면서
오분 내 지근거리가 한 시간이 넘었다.

청천에 날벼락이 이 땅에서 일어나고
백주에 고함소리 도처에서 들려오네
상식에 벗어난 현상 계엄령을 의심했다.

(2021. 8. 15)

---

* 광복절光復節: 2021. 8. 15. 광복절에 사랑제일교회 전광훈 목사의 1,000만 명 시위계획을 저지키 위해, 정부는 코로나 확산 방지 명분으로 경찰력을 동원해서 차량 산성을 쌓고 시민들의 통행을 저지한 현상이다.

彈劾白書탄핵백서* 읽고

촛불이 광풍 되어 온 나라 이성 잃고
배신자 춤추면서 정의는 간 곳 없어
추잡한 위선의 세력 오늘까지 날뛴다.

폭풍 속 태극 의병 정기가 살아 있고
광란의 어둠 속에 한사람 의사 있어
영원한 역사의 기록 이 민족에 남겼다.

(2021. 8. 28)

---

* 탄핵백서彈劾白書: 월간 조선에서 23년간 사건기자로 활동한 우종창 기자가(2016. 10.-2021. 1. 14) 탄핵 정국의 역사 현장에서 조사한 기록이다.

故鄉고향*

태산의 맑은 정기 화산에 뭉쳐 있고
병목안 밝은 땅에 별 유천 이루었네
이곳이 우리의 고향 유서 깊은 땅이다.

출향 후 많은 세월 창랑에 역류하고
오늘에 돌아보니 어느덧 석양이네
자연은 하늘의 법칙 순리의 길 따른다.

세월이 가고 있어 사람도 따라가고
산천은 예 같은데 아는 이 거의 없어
세상사 많은 글자 중 신선 선仙자 허구다.

이백년 세거집이 폐허가 되어 있고
사랑방 한문 공부 그 음성 간곳없어
조부님 군자의 풍도 그리움이 앞선다.

(2021.9.1. 시조사랑 22호)

* 고향故鄉: 경북 봉화군 법전면 어지리 605번지에 위치하며, 화장산을 안산으로 구룡산이 북쪽에 있으며, 십승지로 알려져 있다. 태산은 태백산이고 화산은 화장산이다.

天道천도의 世界세계

작아도 안 보이고 너무 커 볼 수 없고
좀도둑 옥에 가고 큰 도적 황제되네
천도는 호탕무애나 그 작용은 하나*다.

(2021.9.23.)

* 하나 : 하나는 이理다.

輓만, 舍第사제 五奎오규

유곡에 시작해서 교목에 성장했고
천성이 명민해서 일가를 이루었네
슬프다 현세의 인연 많은 사연 남는다.

등불로 공부해서 합격에 성공하고
평생을 공무 생활 외길을 걸었는데
아프다 피안을 건너 영생하기 바란다.

(2021. 9. 28. 陰. 辛丑年 8. 22)

茶香다향에서

한두 번 오고 가도 인연은 자라나고
가을밤 푸른 강에 보름달 투명하듯
맑은 눈 밝은 미소에 그대 마음 보인다.

(2021. 11. 30.)

松江송강마을* 찾아서

입구에 시비공원 송강정 돋보이고
옆에는 공릉천이 주위를 감싸 돌며
뒤에는 매봉산 정기 송강마을 지킨다.

마을 뒤 강아江娥** 묘는 남향에 아담하고
단심에 송장과는 사후에 만났으나
무정한 생사의 일생 고혼 되어 혼자 있다.

(2021. 12.1. 시조사랑 23호)

---

* 송강松江 마을: 경기 고양시 덕양구 신원동에 있으며. 조선조 선조 시대 좌의정을 역임한 문신이고 시인 송강 정철(1536-1593)의 고향이다.
** 강아江娥: 남원 기녀로 송강과는 연이 있다. 임진왜란에 공이 있어 의기義妓로 기록되어 있으며, 본명은 진옥眞玉, 자미紫薇는 기명이며, 강아江娥는 호다.

辛丑 除夜 신축 제야

만상이 고요한데 마음은 움직이고
지난날 미로에서 길 잃고 헤매다가
바른길 옆에 두고서 험한 길을 걸었다.

악연을 끊고 나니 좋은 일 찾아오고
마음이 깨끗하니 결과도 순탄하네
자연은 하늘의 세계 원인에서 결과 온다.

(2022. 1. 31.)

時乎不再來때는 두 번 오지 않는다

이른 봄 씨앗 뿌려 때맞춰 수확하고
사과꽃 봄에 피어 가을에 익어가네
천시는 자연의 법칙 누구에나 공평하다.

공부와 사회 참여 결혼과 가정윤리
사람은 때가 있어 하늘이 기회 주네
하늘이 제공한 기회 두 번 오지 않는다.

(2022. 2. 15.)

그날의 追憶추억

고교의 후원에서 장원한 자유일기
그날 후 한 친구*가 자기도 시 쓴다며
자연히 가까워지며 친근하게 지냈다

어느 날 일본 밀항 은밀한 말이 있어
그 마음 고마우나 확답을 못 했는데
지난날 맑고 티 없는 그 순정이 그립다.

(2022. 2. 17.)

---

* 한 친구 : 영주농고 5회 동창으로 김충박金忠博 군이다. 졸업 앨범도 같이 찍었으며 부모가 일본에 거주한다는 설이 있다.

因緣 인연

나면서 부모 인연 크면서 많은 인연
스치는 인연 있고 평생의 깊은 인연
그러나 인연 만들기 신중하기 바란다.

좋은 연 단순하고 쉬우며 자연이고
나쁜 연 복잡하고 어렵고 공작이며
결과는 좋은 사람에 좋은 인연 나온다.

(2022. 2. 20.)

街童가동*의 追憶추억

어느 날 선문에서 가동을 만나면서
뜻밖에 백일시주** 성심이 처음이네
강 건너 천당지옥설 마음에서 찾는다.

중학교 교사와의 연애담 얘기하고
부산의 동래집에 예쁜 딸 보았는데
우연히 서신첩 보다 옛날 정이 그립다.

(2022. 2. 25.)

---

* 가동街童: 부산서 군 동문으로 김을호金乙昊 군이다. 호가 가동이고, 전국에 민요민담 수집으로 유명하고 각 언론에 많은 발표도 있었다. 10여 통의 서신을 보관 중이다.
** 백일시주百日施主: 영주 부석사에서 김 군의 권유로 이운송李雲松 주지와 여승女僧 총무가 있는 데서 뜻밖에 시주에 응했다.

3월 9일 大選대선을 앞두고

집에선 이利판이고 밖에선 사死판이며
마음은 도척* 품고 말로는 백이행보
광부가 토하는 사설 하늘에서 심판한다.

(2022. 3. 1.)

* 도척盜跖과 백이伯夷: 도척은 춘추시대 노나라의 큰 도적, 백이는 은말 고죽국의 큰 의인이다.

餘白 여백

시간은 가는 길에 휴일이 반가우며
문장은 끝에 가서 여운을 남겨두고
그림은 전체 구도에 공간 조화 일품이다.

경제는 생활에서 신용이 자산이고
인생은 항심에서 순리가 하늘이네
여백은 인생 여행에 휴식이고 생명수다.

(2022. 3. 19)

孝효의 本質본질

계실 때 뜻을 살펴 마음을 편케 하고
표정은 항상 밝고 말씨는 부드럽게
추호도 불순한 언행 있어서는 안 된다.

가정의 관심사는 반드시 여쭈옵고
건강과 조석 식사 항심이 필요하며
효심은 뜻을 살피고 노력함이 정도다.

(2022. 4. 7. 한국시조협회 창립 10년사)
(2022. 10. 15. 한국문인협회 연시조집)

鄭珉정민 教授교수*의 點檢점검

오늘의 어려움을 옛글에 찾았으며
세상은 변했는데 사람은 그대로네
귀중한 "점검 사백 편" 우리들의 보배다.

"얼굴에 묻은 때는 거울에 비춰 닦고"
"마음에 앉은 허물 옛글에 비춰 살펴"
오늘에 바라는 지혜 선현들의 답이다.

(2022. 4. 20.)

---

* 정민鄭珉 교수敎授: 현 한양대 교수이며, 고전학자다.

제4부 천연

生活觀 생활관

생활의 좌우명은 바르고 깨끗하게
살면서 몸과 마음 서로가 하나 되면
관성은 스스로 생겨 모든 일이 바로 선다.

실천은 언행에서 인품이 높아지고
행동은 공사에서 잡음이 도망가며
생활은 모든 영역서 신망 있고 편안하다.

(2022. 4. 22.)

天緣천연

태초의 불덩어리 곤륜산 태웠는데
백옥은 타지 않고 오늘도 빛이 나네
수억 년 하늘의 인연 이 땅에서 찾았다.

(2022. 4. 25.)

興家論 흥가론

자녀가 건강하고 생활은 검소하며
근본을 잃지 않고 가정이 화목하면
이것은 가정의 기초 가족의 틀 지키자.

입지가 분명하고 독서를 좋아하며
상식이 건전하고 정신이 투철하면
성장한 가정의 완성 혼을 찾아 힘쓰자.

(2022. 4. 27.)

追慕추모 鄭述鉉정술현* 同門동문

문충공** 후예로서 고향은 월성이며
칠야에 토함산서 별보다 해가 떴고
초년에 고뇌의 행적 '애고시초' 뜻깊다.

시에도 소질 있고 문장도 수려하며
당시의 시대사조 실존주의 역설했네
슬프다 우리의 인연 석화에서 만났다.

(2022. 4. 30.)

---

* 정술현鄭述鉉: 경북 병사와 대학 동문으로 봉화 농협과 성주원예조합 상무로 근무했고, 강직하면 배신자가 따른다고 충고했다. 대구에서 서울 이주 후 이원식李源植 경주시장으로부터 49세에 서거했다는 사실을 확인했다.
** 문충공文忠公: 포은 정몽주鄭夢周(1337-1392) 선생의 시호다. 충신이고 학자며 영의정에 추증하고 문묘에 배향했다.

南原남원의 5월

광한루* 연못에는 잉어가 뛰어놀고
삼신산 주위에는 유화가 춤을 추며
석양에 5월의 봄은 선경으로 변한다.

지리산 구룡계곡 용쏘 위 육모정서
춘향묘** 바라보니 남향에 우뚝한데
이도령*** 찾을 수 없고 성춘향만 외롭다.

(2022. 5. 12. 계간시조 26호)

---

* 광한루廣寒樓: 전북 남원시 요청로 1447(천거동 78)에 위치하고 보물 제281호로, 1419년 황희黃喜 정승이 건립했다.
** 춘향묘春香墓: 만고 열녀 성춘향의 묘로, 남원시 주천면 호경리 뒷산에 있다 (135계단)
*** 이도령李道令 이몽룡李夢龍: 춘향전의 이몽룡은 실제 인물이 성이성成以性으로 호가 계서공溪西公이며, 경북 봉화군 물야면 가평리 301번지가 고향이다. 현재 종손은 성기호成起鎬 씨로 호가 임천林泉이며, 본은 창녕昌寧 성씨成氏다.

覺皇殿각황전*의 祕密비밀

임란 때 소실했던 장육전 중건할 때
공양주 계파 스님 기도 중 문수보살
"아침에 처음 본 사람 인연이니 만나라."

만나니 장육전서 일하던 노파였네
"이 몸은 죽더라도 불도를 하겠다."며
홀연히 자신의 몸을 깊은 쏘에 던졌다.

노파는 숙종 임금, 공주로 태어나서
원력인 장육전의 중건을 완성하고
숙종은 각황전이란 사액 현판 내렸다.

선인은 선과 낳고 지성은 감천인데
현묘한 이의 세계 순리가 하늘이네
그 당시 불교사원에 왕명 사액 뜻있다.

(2022. 5. 13.)

* 각황전覺皇殿: 각황전은 화엄사 서쪽 경내에 있으며, 국보 67호, 앞에 석등도 국보 12호다. 전남 구례군 지리산 남쪽 기슭에 위치한다. 숙종 28년(1702)에 벽암선사 제자 성능性能이 장육전을 중건하고 다음 해 29년(1703)에 숙종이 각황전이란 사액 현판을 하사했다.

晋州城 진주성의 늦은 5월

진주성 주위에는 녹음이 무성하고
촉석루* 경내에는 바람이 시원한데
남강**은 고요히 흘러 낙강으로 향한다.

임진년 충무공***과 계사년 삼장사****는
창열사 사당에서 충혼이 살아있고
장하다 논개의 혼은 의암에서 빛난다.

(2022. 5. 24.)

---

* 촉석루矗石樓: 고려 고종 28년(1241) 진주목사 김지대가 창건하였고, 그 후 여러 번 변천하였다. 경남 유형문화재 666호다.
** 남강南江: 경남 함양군 덕유산 남쪽 계곡에서 발원하여 낙동강으로 흐른다. 길이 189km이다.
*** 충무공忠武公: 임진왜란 때 순절한 진주목사 김시민金時敏 장군의 시호다.
**** 삼장사三壯士: 임진왜란 때, 창의사 김천일金千鎰 충정병사, 황진黃進, 경상우병사 최경창崔慶昌 장군.

矗石樓촉석루

촉석루 한가운데 삼장사*의 유명 시는
현판서 볼 수 없고 기실비에 살아 있어
오늘도 장강은 흐르고 삼장사 혼 살아 있다.

(2022. 5. 24)

---

* 삼장사三壯士의 시詩: 矗石樓中三壯士(촉석루중삼장사) 一杯笑指長江水(일배소지장강수) 長江之水流滔滔(장강지수류도도) 波不渴兮魂不死 (파부갈혜혼불사) 위 시詩는 학봉鶴峰 김성일金誠一 선생先生 작作이다. 시詩 중에 삼장사三壯士는 학봉鶴峰 김성일金誠一 대소헌大笑軒 조종도趙宗道 송암松巖 이로李魯이다.

密陽밀양의 嶺南樓영남루*

절벽 위 영남루는 아름답게 솟아 있고
평야서 밀양강은 평화롭게 오고 있어
강과 산 만나는 곳에 백야일경白夜一景 빛난다.

주위에 대나무가 겹겹이 병풍치고
사당에 아랑상阿娘像은 그 표정 밝아 있어
지난 한恨 강물에 씻고 천상 왕생 바란다.

(2022. 5. 25.)

---

* 영남루嶺南樓: 경남 밀양시 내일동에 위치하며, 보물 147호다. 신라 경덕왕 시에 영남사가 고려 공민왕 시에 밀양 부사 김주가 신축했다.

冊책의 價值가치

사람의 생존 윤리 앞에서 인도하고
역사와 문화가치 옆에서 도와주며
인류의 귀중한 책은 그 가치가 무극이다.

(2022. 6. 23.)

茶山先生다산선생*遺蹟地유적지를 찾아서

여유당 생가터는 한옥이 아담하고
뒷산에 명당묘역 앞 경치 아름다워
한강 변 고요한 땅이 다산선생 옛터다.

기념관 많은 서적 필체가 깨끗하고
십팔 년 적소에서 역경을 이기면서
귀중한 오백여 책을 이민족에 남겼다.

(2022. 6. 27.)

* 다산선생茶山先生: 정약용丁若鏞(1762-1836) 조선 정조 시에 학자, 문신, 호는 다산, 여유당, 시호 문도文度다. 정조 시대에 식년 문과 갑과 급제, 곡산부사, 형조참의 역임. 유적지는 경기 남양주시 조안면 능내리산 75-1번지(마제마을)

追慕추모, 李正勳이정훈 同志동지*

안동의 유향에서 향산댁** 동행하고
선현의 많은 유적 좋은 말 들었으며.
의로서 오가는 정은 서로에게 교환했다.

어느 날 연락 와서 문인 모임 참석하고
중앙통 쪽셈에서 동동주 폭음했네
슬프다 낙동강*** 보며 옛 동지를 추모한다.

(2022. 7. 21.)

---

* 이정훈李正勳 동지同志: 대구 매일신문 문화부장, 편집국장을 역임한 기자로서 2017. 6. 27. 78세로 서거하였다.
** 향산댁響山宅: 안동시 도산면 토계동에 위치하고 향산은 이만도李晚燾 선생의 호다. 구한말 양산군수, 승지로서 국권 피탈 후 아사 순국했다.
*** 낙동강洛東江: 매일신문에 연재된 이정훈 기자의 저서

옛 情정의 追憶추억

더운 날 가는 길에 손수건 연이 있고
집에서 쉬는 곳에 흑장미 향이 깊어
혼자만 걷는 길에서 새로운 정 싹튼다.

강가에 맑은 물은 추억의 뜻이 있고
계곡의 푸른 숲은 마음의 정이 서려
우리는 같은 길에서 희망의 꽃 피운다.

(2022. 7. 22.)

文武大王 水中陵 문무대왕 수중릉*

바다의 수평선은 파도가 높아지고
해변에 피서객은 왕래가 분주한데
동해에 수중 대왕암 문무대왕 능이다.

생전에 통일 완성 전쟁을 끝마치고
사후에 호국 대룡 나라를 지키려는
문무왕 위대한 뜻 우리들의 교훈이다.

(2022. 7. 30. 계간시조 27호)

---

* 문무대왕 수중릉文武大王 水中陵: 경주시 문무대왕면 봉길리 30-1에 있는 신라 30대 문무대왕의 수중릉이며, 사적 158호다. 681년 문무왕이 서거하자, 유언에 따라 경주시 배반동 621-3번지 능지탑 지陵只塔趾에 화장해서, 위 수중릉에 장사했다.

善德女王 선덕여왕*

진평왕 장녀로서 최초의 여왕이며
내우와 외환으로 나라가 어려울 때
김유신 김춘추공과 통일의 틀 닦았다.

황룡사 9층 목탑** 호국을 상징하며
천성이 명민해서 나라를 안정하고
서거 후 낭산狼山의 남쪽 도리천에 능있다.

(2022. 7. 30.)

---

* 선덕여왕릉善德女王陵: 경주시 보문동에 있는 신라 27대 능이다. 사적 182호며, 낭산狼山 남쪽 도리천忉利天에 능이 있다.
** 황룡사黃龍寺 9층層 목탑木塔: 황룡사는 진흥왕 14년에 시작해서, 27년에 개괄적으로 완성되었고, 선덕여왕 14년(647년) 9층 목탑을 만들어서, 전체적 모습이 완성되었다. 황룡사는 경주시 구황동 320-1번이며, 면적은 390,418㎡로 현재 황룡사 역사 문화관이 있다.

太宗태종 武烈王무열왕*

능 앞의 비각**에서 비신은 없어진 채
거북형 받침돌과 머릿돌 얹었는데
머릿돌 용 여섯 마리 여의주를 받든다.

젊어서 김유신과 큰 뜻을 같이하고
나라를 안정하고 외교에 힘쓰면서
위대한 통일의 역사 행동으로 옮겼다.

(2022. 7. 31.)

---

* 태종무열왕太宗武烈王: 신라 29대 왕(654-661)으로 이름은 춘추. 능은 경주시 서악동 1527번지에 위치하고, 사적 20호다.
** 능陵 앞 비각碑閣: 능 앞 비각에 비의 일부가 있으며, 국보 25호다. 문무왕 원년에 비를 세웠으며, 비문은 둘째 아들 김인문의 필체로 썼다.

金庾信 將軍 김유신 장군*

가야왕 후예로서 진천서 태어났고
어려서 화랑 되고 통일 뜻 맹세하여
젊어서 김춘추 공과 같은 길을 걸었다.

나라가 어려울 때 문 앞서 전쟁터로
일생을 통일 전쟁 큰 뜻을 이루었네
장하다 위대한 통일 태양처럼 빛난다.

(2022. 7. 31.)

---

* 김유신 장군金庾信 將軍: 김유신(595-673)은 삼국통일의 장군이다. 가야왕의 후예로서 부는 서현, 모는 만명 부인이다. 출생지는 충북 진천군 진천읍 백암리다. 김유신 묘는 경주시 충효동 산7-10번지 대각간 묘며, 신라 흥덕왕 10년에 흥무대왕興武大王으로 추봉했다. 사적 21호며. 묘 주위에는 십이지 신상이 있다.

追慕추모 明虛명허스님*

선방서 탄허 스님 둘이서 동숙할 때
석 달을 밥 세 끼로 생명을 유지했고
겨울에 눈 위 걸을 때 발자국이 없었다.

진부서 처음 보고 막동서 다시 만나
중요한 홍사 원본 간곡히 요청했네
원본은 정신세계서 복원 가능 약속했다.

만남의 약속 시간 한 달을 앞두고서
연락 날 화엄사서 49재 끝나는 날
슬프다 피안 건너니 현세 인연 아쉽다.

(2022. 8. 20.)

---

* 명허明虛스님: 본명은 이계섭李啓燮 강원 정선 출신으로 전주 이씨다. 막동 백석산 밑에 거주하며, 최면길崔勉吉 선생이 은사고, 최 선생은 강릉 출신이다. 서거일은 2007. 1. 26. 이고, 현재 "홍사필사본鴻史筆寫本"을 보관하고 있다.

가을의 追想추상

밭길 가 언덕에서 알밤 줍기 경쟁하고
집 뒷산 기슭에서 깨금 따기 재미있어
어릴 적 가을의 단면 그 순정이 그립다.

학교의 부당 요구* 불의라 주장하며
졸업반 중간시험 과감히 중단하고
태백산 가을의 산행 그 기상이 뜻있다.

(2022. 9. 15.)

---

* 학교學校의 부당요구不當要求: 중학교 졸업반 중간시험에서 학교는 공납금 미납자는 응시 불허 사건인데, 우리는 불의라 주장하며 시험을 중단하고 태백산 가을 경치를 감상하고 왔다. 시험 중단 덕택으로 학년 수석에서 11등으로 강등됐다. 당시 필자筆者는 전교 운영위원장이었고, 김수용은 학도호국단 대대장이었다.

濟州제주의 三姓穴삼성혈*

수백 년 나무들은 서로를 바라보고
숲속의 많은 새들 끝없이 합창하며
삼성혈 경내 분위기 깨끗하고 엄숙하다.

삼신인 출현으로 탐라국 세워지고
삼공주 혼인으로 농업이 시작되며
수천 년 보존한 역사 그 정신이 장하다.

(2022. 9. 28.)

---

* 삼성혈三姓穴: 삼성三姓은 고高, 양良=梁, 부夫 씨가 출현한 혈이며, 탐라국 발상지이다. 제주시 이도동에 있으며 사적 134호이며, 면적은 23,420㎡다.

秋史추사*의 流配地유배지에서

한적한 유배지는 유허비** 홀로 있고
앞에는 추사관이 예술혼 재생하며
고독한 고통의 세월 9년간을 보냈다.

인심의 변화에는 고금이 따로 없고
시대의 사변 속에 한 사람 의사義士 있어
세한도 위대한 걸작 유배지서 나왔다.

(2022. 9. 29.)

---

* 추사秋史: 김정희(1786-1856) 선생은 조선조 후기 문인으로, 경주 김씨, 추사는 그의 호다. 성균관 대사성, 병조참판을 지냈다. 서예는 물론 금석학, 경학, 회화 등의 석학이며, 특히 세한도는 국보 180호다.
** 유허비遺墟碑: 추사가 55세에 제주 서귀포시 대정읍 추사로 44(안성리 1661번지)에 유배에서 9년간 위리안치되어 있던 곳으로 사적 487호다.

西歸浦 서귀포의 가을밤

뜻있는 가을밤을 마음에 새기면서
서귀포 해안가를 별 보고 걷고 있네
오늘 밤 마음의 정은 해인*으로 남긴다.

(2022. 9. 29.)

---

* 해인海印: 법을 관조함이 마치 바다가 만상을 있는 그대로 나타내는 것과 같음에 비유하여 일컫는 말이다.

魂혼의 價值가치

목표를 바라보는 훌륭한 가치관이
굳건한 혼이 되고 행동의 뜻이 되면
사회는 역사의 혼과 윤리관이 바로 선다.

가정은 효孝와 경敬이 윤리로 승화하고
사회는 충忠과 의義로 상식이 정착되면
역사는 위대한 가치 밝은 물결 찾아온다.

(2022. 10. 9.)

제5부 한강

漢江한강*
　　-서울에서

바람은 서늘하고 물결은 고요한데
달빛은 흐려 있고 별빛은 안 보이며
양안에 찬란한 불빛 자연의 뜻 막는다.

여의도 선착장은 불빛이 밝아 있고
반포교 교각에는 섬광이 황홀한데
가을밤 오늘의 한강 불빛으로 흐른다.

양안을 개발하고 기적을 이루면서
서울은 밝아지고 주민은 생동하며
한강은 나라의 중심 힘을 모아 앞선다.

위대한 진흥 대왕 이 강을 정복하고
통일의 중흥 기반 힘으로 닦으셨네
앞으로 자유 통일은 한강에서 끝낸다.

(2022. 10. 11.)

* 한강漢江: 한강은 태백산맥에서, 발원해 강원도, 충청도, 경기도, 서울시를 거쳐서 경기만 흐르는 한국의 중심부의 강이다. 남한강은 강원도 태백시의 금대봉 계곡에서 발원하고, 북한강은 강원도 (북한) 금강군의 옥천봉에서 발원하여, 경기도 양평군의 양수리에서 남한강과 만나서 한강의 본류가 된다. 연장 497.25km다.

統一통일로 가는 길

지도자 굳은 의지 강철로 무장하고
온 국민 뭉친 마음 하늘이 감동하면
바라던 자유 통일은 우리 앞에 와 있다.

(2022. 10. 15. 한국문인협회 단시조집)

扶餘부여*의 늦은 가을

사비성 궁성 터는 남향에 단정하고
부소산 정상 길에 가을이 늦어지네
바람에 천상의 선녀 단풍 따라 내려온다.

그날의 낙화암은 오늘도 그대론데
오늘의 백마강은 옛 물이 아니구나
백화정 높은 곳에서 백마강을 보고 있다.

삼충사** 모신 세 분 충혼이 살아있고
고란사*** 추모 궁녀 정열이 빛이 나며
부여는 애환의 왕도 사비성이 중심이다.

(2022. 10. 28,)

* 부여扶餘: 충남 남서부에 있는 군이다. 백제의 옛 수도로 백제문화 관광지다.
** 삼충사三忠祠: 백제의 충신 성충. 흥수, 계백, 세 분의 영정이 있는 사당이다.
*** 고란사皐蘭寺: 낙화암 아래 백마강 절벽에 있는 절로서 낙화암에서 떨어진 여인들을 추모하여 지은 절이다.

石洲先生석주선생* 氣像기상

나라를 찾으려고 전 재산 포기하고
서간도 설원에서 목숨을 바치셨네
우리는 후광 입어서 대한민국 세웠다.

고아 된 후손들은 교육을 못 받아도
조상의 높은 기상 온전히 이어받아
고대에 귀중한 서책 무상으로 기증했다.

(2022. 12. 7. 계간시조 28호)

---

* 석주선생石洲先生: 석주는 이상룡李相龍(1858-1932) 선생의 호다. 고성 이씨로 경북 안동시 법흥동 임청각에서 출생했다. 유교 이념에 투철한 한학자이고, 임시정부 국무령을 역임하고 평생을 독립운동으로 일관했다. 선생의 승손 절증哲曾, 항증恒曾, 범증帆曾 삼형제는 집 한 칸이 없는 생활에도 귀중한 서책 395종 1,309책을 고려대학에 무상으로 기증했다.

島山先生 도산선생* 人格 인격

평양서 대성학교 교장 대행 근무 중에
고모가 오시는데 버선발로 뛰어나가
빠르고 극진한 인사 그 마음이 인성이다.

미주서 동맹 수련 흥사단 창립할 때
20대 유학생을 어렵게 찾아가서
발기인 창립위원에 그 결정이 겸손이다.

남경서 깊은 밤에 찾아온 어느 여인
그대는 그 정열을 조국에 바치라고
조용히 타일렀는데 그 생각이 항심이다.

상해서 윤 의사의 거룩한 거사 일에
친구네 아들과의 약속을 지키고자
일경에 체포됐는데 그 행동이 믿음이다.

(2022. 12. 1.)

* 도산선생島山先生: 도산島山은 안창호(1878-1938) 선생의 호다. 평남 강서 출신으로 독립운동가이며 교육가다. 1919년 상해임시정부서 내무총장, 국무총리 서리, 노동총판을 역임하고 독립신문을 창간했다.
1913. 5. 13. 미주에서 흥사단을 창립해서, 지금까지 그 유지를 계승하고 있다.

未完미완의 情정
-아내의 10주년週年 기일忌日에

현세에 인연 있어 고락을 같이하다
어느 날 병마에서 우리와 이별하고
영원히 못 돌아오는 피안 길을 걸었다.

부모님 가신 길에 성의를 다하였고
자녀의 교육에도 온 힘을 쏟았는데
지금은 혼자 남아서 고마움에 젖는다.

지난 일 생각하니 인생이 순간인걸
할 말은 너무 많고 못한 일 끝이 없어
내세에 인연 되어서 다시 한번 만나자.

당신이 떠난 후에 시조에 관심 있어
내년에 출판 계획 은밀히 밝혀보네
오늘은 이별의 그 날 슬프면서 아프다.

(2022. 12. 11. 陰 壬寅年 11. 18)

첫눈 오는 날

하늘서 눈이 오네 하얀 눈 내려와서
오염된 산과 들이 깨끗이 변해가네
탐욕에 추한 무리를 흰 눈으로 세탁하자.

(2022. 12. 15.)

統一통일은 平和평화다

나라는 분단되고 전쟁은 쉬고 있어
우리는 평화 공조 상대는 적화통일
한민족 자유 통일안 달빛 없는 밤이다.

지도자 굳은 의지 하늘에 서원하고
흩어진 너와 나를 하나로 만들어서
온 국민 한곳에 뭉쳐 통일의 틀 만들자.

북에는 일인체제 자유는 없어지고
국민이 피곤하면 나라는 기우는데
기회는 예고 없이 와 통일 혼을 지키자.

역사는 반복된다 신라 통일 찾아보면
오늘의 원동력이 그때보다 좋은 환경
통일은 민족의 평화 시급하게 깨닫자.

(2022. 12. 20. 계간시조 29호)

送年會송년회*

하늘서 눈 내리고 찬바람 움직이네
모처럼 셋이 만나 한 해를 보내는데
우리는 만남의 길서 훈훈한 정 남는다.

오가는 담론에서 인정은 깊어가고
강산이 몇 번 변해 우리는 귀한 인연
어려운 현실 속에서 믿음 가치 빛난다.

(2022. 12. 21.)

---

* 송년회送年會: 권이서權彝叙, 김대선金大善 두 동지同志는 서울 출신이며, 어려운 시기에 만나서, 수십 년이 지났으나, 정과 의가 처음 같아서, 두 사람은 오늘의 인격인이다.

겨레의 未來像미래상*

통일은 쉽게 오고 미사일 쓸모없어
수도는 서울이고 세계서 일등 국가
기회는 순환의 원리 때가 와서 말한다.

압록강 서북쪽에 계관산 진을 치고
봉황산 서남쪽에 오룡산 힘이 솟아
앞으로 국도 북계룡 때가 오니 전한다.

(2003. 1. 29.)

---

* 겨레의 미래상未來像: 1985. 2. 16. 오후 7시경(陰 12. 27) 대전 홍제弘弟, 대종교 청년부장 김승찬과 동행하여, 대종교 충전교 권태훈權泰勳(1900-1994) 선생의 자택을 예방하였다. 위의 내용은 당시 대화의 일부분이다. 선생의 호는 봉우鳳宇이고, 봉우 사상 연구소가 있다. 소설 단丹의 주인공이기도 하다.

精정과 義의

불의를 따라가면 횡액이 기다리고
무례한 언행에는 인격이 간 곳 없어
사람은 인생길에서 정과 의가 인성이다.

(2023. 1. 31.)

봄이 오는 公園공원에서

바람은 살랑살랑 남촌서 불어오고
아기는 아장아장 공원서 걷고 있어
여기가 아늑한 낙원 희망이고 평화다.

(2023. 3. 25.)

華藏山 화장산*

태산서 뻗은 정기 화산에 뭉쳐 있고
향화봉 문필봉이 동서로 바라보며
장엄한 불굴의 기상 십승지를 품었다

북에는 각화산이 강하게 움직이고
동에서 낙동강이 힘차게 흘러오며
경내에 유종개 장군** 전적비가 빛난다.

(2023. 3. 29.)

---

* 화장산華藏山: 경북 봉화군 법전면 어지리산 11-1에 위치하며, 높이는 859m이다. 동에는 향화봉香火峰이 서에는 문필봉文筆峰이 있다. 화장산은 현재 일제 총독부가 잘못 기록된 "화장산華藏山"의 장藏이 장獐으로 오기되어서 국토지리정보원에 정정 신청 중이다.
** 유종개柳宗介 장군將軍: 유종개(1558-1592)는 임진왜란 때 조선 의병장, 1585년 식년문과에 급제, 정언, 전적을 역임. 1592년 의병을 모집, 화장산 부근 전투에서 전사하였다. 참의에 추증되었다.

洛東江 낙동강*
-안동安東에서

위에는 맑은 호수 달빛이 은은하고
남쪽은 푸른 물결 유유히 흐르는데,
영남은 유구한 역사 이 강 따라 흥했다.

월영교 걷다 보니 월영정 시원하고
주위에 산수조차 한 폭의 그림이네
안동서 새로운 명소 오는 손님 성시다.

강 따라 명공 석학 연이어 일어나고
주위에 많은 전설 끝없이 이어지며
이 땅서 민족 역사에 고비마다 힘썼다.

고려와 신라 통일 이곳서 기틀 잡고
경인년 동란에도 이 강서 힘을 얻어
앞으로 겨레 통일도 낙동강을 믿는다.

(2023. 4. 20.)

* 낙동강洛東江: 강원도 태백시 화전동 천의봉天衣峰 동쪽 계곡에서 발원하여 강원도 남부지역과 경상남북도의 중심을 남류 하면서 부산시 서구와 사하구 낙동강 하구를 지나서 남해로 흐르는 강으로 길이 513.5km이다.

陟州東海碑 척주동해비*

육향산 정상에는 경관이 아름답고
주위를 돌아보니 지척이 바로 동해
여기가 척주의 명소 동해비가 서 있다.

신비한 문장으로 동해를 칭송하고
독특한 전서체로 비석에 새기면서
척주서 성난 파도를 영력靈力으로 막았다.

(2023. 4. 21.)

---

* 척주동해비陟州東海碑: 허목許穆(1595-1682) 선생의 호는 미수眉叟. 시는 문정文正 자는 화보和甫다. 학자, 문인으로 이조 참판, 우의정右議政을 역임했고, 전서는 동방의 제1인자다. 헌종 2년(1661년), 미수眉叟 선생이 척주 부사로 있을 때, 동해가 매년 풍랑으로 주민의 피해가 극심하자 비碑를 세웠다. 처음에는 정라진汀羅津 앞 만리도에 세웠는데, 풍랑이 없어지니 이를 퇴조비退潮碑라 했다. 그 후 숙종 36년(1710년)에 척주시 정상동 108-1, 육향산六香山에 세워져서 기념하고 있다. 비는 강원도 유형문화재 제38호다.

鏡浦臺 夜景 경포대 야경*

북에는 선교장船橋莊의 한옥이 품위 있고
남쪽은 경포해변 끝없이 펼쳐지며
맞은편 명승 경포호 거울같이 빛난다.

경내에 경포대 옆 철쭉꽃 붉게 피고
산불로 누대 안에 현판은 하나 없어
세상사 모든 현상은 시각으로 변한다.

동해서 보름달이 경포대 밝아오면
자연은 다섯 달로 그 모양 변하는데
그 옛날 영랑 화랑의 술 흔적이 멋있다.

(2023. 4. 21.)

---

* 경포대鏡浦臺: 강원 강릉시 저동, 경포호 북안에 있는 누대로 강원도 유형문화재 제6호며 관동 8경의 하나다. 내부에는 율곡栗谷이 10세에 쓴 경포대부가 있고 숙종의 어제시가 있다.

나의 根本근본은 祖上조상이다

조상은 나의 근본 예로써 존경하면
뿌리가 튼튼해서 꽃피고 열매 맺어
순리는 하늘의 법칙 지성이면 흥한다.

(2023. 4. 27.)

家風가풍을 尊重존중하자

세상은 나라마다 풍속이 차이 있고
가정도 집집마다 가풍이 따로 있어
결과는 오랜 역사 속 생활관의 차이다.

남의 집 예절에서 시비를 하지 말고
허황된 얘기 듣고 언행을 신중하며
우리는 선왕의 가풍 가치관을 지키자.

(2023. 4. 29.)

自畫像 자화상

유곡에 생장해서 교목에 나갔으나
격랑의 세파에서 창랑에 역류하고
배신자 날뛰는 현실 깊은 우려 가진다.

고전을 전수받아 윤리관 몸에 익고
사서에 관심 있어 역사관 밝아지며
언행은 가치 기준에 어긋나지 않았다.

보본에 선조 묘역 정화에 앞장섰고
종중의 세보 편찬 수단에 힘썼으며
영원히 변하지 않는 팔고조도 닦았다.

독서를 좋아해서 천여 권 책이 있고
정과의 중시해서 바른길 걸었는데
높은 뜻 찾을 수 없고 연목구어 답이다.

(2023. 5. 3.)

蘆沙先生 逸話 노사선생 일화*

초년에 총명해서 경사에 밝았으며
기氣설에 빼앗겨온 주이主理설 바로잡아
이학서 영남과 호남 같은 길을 걸었다

어릴 적 외눈으로 천재란 소문 듣고
찾아온 사람들로 문전이 시장 같아
장안에 만개 눈보다 장성 한 눈 더 낫다.

(2023. 5. 5.)

---

* 노사선생蘆沙先生: 노사는 (기정진奇正鎭: 1798-1879) 선생 호며, 조선조 후기 성리학자다. 자字는 대중大中, 시諡는 문간文簡, 본 행주幸州 전북 순창 출신이며, 후에 장성에 이주했다.
학문은 주이설主理設을 주장하고, 성리학性理學의 육대가의 한 분이며, 호조, 공조 참판에 제수했으나 사양했다.

四季사계의 秩序질서

설중매 봄 깨우고 이화우 날리면서
진달래 붉은빛이 산하를 불태우며
봄바람 할 일 다 하고 미련 없이 떠난다.

녹음이 짙으면서 꽃 시절 뛰어넘고
강산에 많은 사람 휴식을 도와주며
태양은 그 정열 쏟아 산과 들이 익는다.

달빛이 밝아오고 바람이 시원하며
국화가 뜻을 펴고 단풍이 아름다워
심판은 추상같아서 옥과 석을 가린다.

하늘서 눈 내리고 찬 바람 불어와도
대나무 굳은 의지 군자상 잃지 않고
사계는 질서에 따라 오는 봄을 맞는다.

(2023. 5. 10.)

평론

■ 평론

'한강'이 품은 뜻은

김흥열 시조시인
(사)한국시조협회 고문, 전 이사장

1. 시작하며

먼저 화산(華山) 시인님의 시조 작품집 『한강』 상재를 축하드립니다.

화산 시인님은 오랫동안 공직에 계시다가 퇴임한 이래 "한민족 원류문제 연구소"를 만들어 한민족의 정체성 함양에 남다른 관심과 열정으로 매진해 오고 계신 원로 시인이다.

(사)한국시조협회에서 발간하는 《시조사랑》(현 계간시조)를 통하여 등단한 후 남다른 정과 성으로 시조 창작에 매진하고 있어 후학들에게 모범이 되고 계시다.

이번에 화산 시인님의 작품을 일독(一讀)하면서 느낀 점을 한마디로 표현한다면 '우국지사(憂國之士)'의 느낌을 지울 수 없다는 점이다. 자나 깨나 나라 걱정이며 민족의 안위를 근심하고, 계심이 확연히 드러난다. 전에 한번 뵈온 자리에서 "내가 만약 왜정시대에 성년이었다면 국내에 있지 않았을 것이다."라고 한 말씀을 지금도 기억하고 있는데 그 말씀의 뜻을 이제야 조금은 알 것 같다.

말씀 그대로 백십여 수의 작품 중에 이러한 나라 근심과 민족의 안위를 생각하며 쓴 작품이 주류를 이룬다. 화산 시인님은 영남학파의 학맥을 이어받은 조선 중기의 문신 충재(冲齋) 권벌(權橃)선생의 후손으로 면면히 선비의 혼을 이어받은 강직함이 시인의 시 세계(世界)에서도 고스란히 드러난다.

화산 시인께서는 노령임에도 시조에 대한 열성이 대단하다. 누구한테서도 시조 창작법을 배운 적이 없이 오직 독학만으로 시조 창작요령을 터득했는데 본 작품을 열람해 보면 정형을 벗어난 작품이 단 한 수도 없다는 사실은 신비롭기까지 해서 시조의 정체성을 준수하려고 얼마나 심혈을 기울였는지 가늠해 볼 수 있다.

시조의 참 가치를 따지자면 작가의 사상과 철학도 분명해야 하겠지만 그보다도 더 중요한 가치는 전통 언어예술이라는 측면에서 작품의 정형성을 말하지 않을 수 없다. 이러한 시조의 참 가치를 이미 알고 계셨기에 정형을 지키지 않으면 시조가 될 수 없다는 확고한 신념이 있으셨고, 따라서 형식에 완벽한 작품 창작이 가능하지 않았을까 하는 생각을 해본다.

대부분의 시조시인들이 인지하고 있는 시조의 정형성은

음수로 볼 때 초장 3.4. 3,4, 중장 3.4.3.4, 종장 3.5.4.3이 된다고 알고 있는바, 시인 역시 이를 완벽할 만큼 엄격히 준수하고 있는 특징이 있다.

(사)한국시조협회에서 마련한 <시조 명칭 및 형식 통일안>에 따르면 외적 형식은 3장 6구 12소절에 음수 배열은 한두 자의 가감을 허용하고 있으며, 장 하나의 음수 역시 한두 자의 가감을 허용하면서도 평시조 한 수의 총 음수는 45자 내외로 제한하고 있다.

이러한 규칙에 비추어 볼 때 화산 시인의 음수 배열은 매우 엄격하다.

또 다른 특징의 하나는 제목은 거의 다 한자어로 달았고 한글을 부기했으며 본문에서는 제목을 한글로 하고 한자로 부기한 것도 특색이다. 한자어의 많은 도입은 시인께서 평생 배워 온 한문학에 익숙해진 탓이 아닐까 하는 생각을 해 본다.

시조는 외형 못지않게 중요한 정체성이 문장의 내적 구성(문장의 짜임새)이라 할 수 있다. 즉 장章의 독립성, 연결성, 완결성이며 각 구句는 나름대로 작은 의미 단위로 짜여야 한다. 대체적으로 화산 시인님의 작품 역시 문장의 짜임은 견고하다 할 수 있다.

화산 시인님의 작품은 서정성보다는 서사적인 면이 강하다 할 수 있다. 또 어떤 작품에서는 참여시(앙가주망

engagement)의 한 형태로 나타나고 있다. 이런 시조의 형태는 언어의 유희보다는 역사성을 더 중시하거나, 사회정의를 바로 세우려는 다시 말해 역사적인 사실(fact)과 정의감에 불타는 마음에서 삐뚤어진 사회상을 바로 잡으려는 의도意圖 때문으로 풀이된다.

말하자면 선비의 언행에는 뜻하는 바가 있어야 하고 뜻을 세웠으면 반드시 이를 실천해야 한다는 책임감, 또는 사대부 가문의 피가 흐르고 있기 때문일 것이다. 즉, 구태여 말하지 않아도 시인의 학식과 인품과 덕망이 잘 드러나고 있는 시조 작품들이기 때문이다.

서경書經에도 시언지詩言志라는 말이 있고 공자께서도 논어 위정편에서 "思無邪"라 하여 시를 '사특함이 없는 마음'이라 했다.

화산 시인님의 작품집 『한강』에는 이러한 유교적 사상이 깊이 배어 흐르고 있음을 감지할 수 있다.

110여 수의 작품 중 몇 편을 골라 시인님의 시 세계를 들여다보기로 한다.

II. 감상하기

충주호 남한강은 도도히 흘러오고
절벽 밑 달천강은 유유히 흘러가며
고요한 풍유의 터에 전흔으로 우울하다.

공 없는 배수진만 전설이 되어 있고
팔천 명 원혼들은 어딘지 간 곳 없어
석양에 날은 더운데 탄금소리 신선하다.

「彈琴臺(탄금대)」, 전문

　탄금대는 충주 남한강과 달천강이 합류하는 지점에 있는 유적지로서 풍광이 매우 아름답다. 일설에 의하면 악성(樂聖) 우륵이 가야국의 멸망을 예측하고 신라로 귀화했는데 진흥왕이 이를 받아들이고 국원(지금의 충주)에 거주하게 했다고 한다.
　탄금대는 남한강 변에 수십 길 절벽을 이루고 있는 곳에 있으므로 경지가 좋으며 임진왜란 때는 신립 장군이 배수진을 치고 항전한 곳이기도 하다.
　첫수 종장 후구에 '전흔으로 우울하다'라는 표현은 아마도 화자가 풍광에 취하기보다는 아픈 역사를 더듬어보며 느낀 소회일 것이다.
　둘째 수 초장 '공 없는 배수진만 전설이 되어 있고'라는 표현에서 큰 전과를 올리지 못하고 패하였음을 짐작해 낼 수 있다. 비유가 아주 적절하다.

이러한 역사적 사실에 근거하여 쓰는 서사시는 대체로 은유가 없어 다소 딱딱한 느낌을 주기는 하나 시조 형식을 잘 맞추어 운율이 살아있으므로 시조로서 손색이 없다고 본다. 필자 역시 한 때 충주에서 근무한 적이 있어 여러 번 탄금대를 찾았지만, 계절과 관계없이 풍광에 취하기보다는 작가처럼 옛 역사적 아픔이 먼저 가슴을 찌르는 것 같은 느낌을 받곤 했다.

작품의 외적 형식을 보면 3.4.3.4, 3.4.3.4, 3.5.4.3의 전통적 형식을 고수하고 있다. 내적인 짜임새 역시 각 장마다 독립성, 연결성, 완결성을 유지하고 있어 완벽한 시조 작품이라 하겠다.

> 촛불이 광풍 되어 대통령을 탄핵하고
> 정론이 실종되니 사설이 난무하네
> 이날은 역사의 불행 고종퇴위 연상된다.
>
> 반란군 육십이 명 기회주의 배신자들
> 정의는 간 곳 없고 이완용의 전철 밟아
> 불행 중 태극기 의병 민족정기 살아 있다.
>
> 「탄핵彈劾」전문

역사는 반복된다고 하더니 탄핵은 이런 사실을 내 생전에 눈으로 확인하는 계기가 되었다. 민주라는 허상을 쓰고 촛불 들고나온 군중 가운데 과연 나라와 민족의 안위를 위해 촛불을 들고나온 이는 몇 명이나 될까? 자기 또는 자기 집단의 사욕을 채우려고, 아니면 군중심리에 이끌려 부화뇌동附和雷同한 인물들도 상당수 있었으리라 생각된다. 법치국가에서 재판도 받기 전에 단죄받은 이는 얼마나 많던가? 참으로 가슴 아픈 일이다. 시인의 말대로 정론은 실종되고 사설邪說과 다름없는 헛소문이 당시 사회를 뒤덮고 있었는지도 모를 일이다. 한 시대는 비극으로 끝났지만, 역사는 언제나 이를 옳게 심판한다. 언제나 감언이설에 속는 것은 민초들이다.

둘째 수 종장에 화자는 얼마나 답답하고 속상했으면 '불행 중 태극기 의병 민족정기 살아 있다.'라고 말했을까? 불행하기는 하지만 태극기를 들고나온 의인이 있어 그나마 안도하는 노시인의 감정이 엿보이는 대목이다.

배신자들은 일시적으로 권력의 줄을 잡고 행복을 향유할지는 모르나 사회정의는 반드시 이들을 처단할 것이다. 이런 기회주의자들은 변절을 밥 먹듯 하며 살아가는 일이 다반사이다. 시대는 바뀌어도 의인은 항상 나오기 마련이고 이들에 의해서 나라는 바로 설 것이라는 확신을 갖는다. 민주주의는 법치이고 따라서 개인의 자유보다 앞서는 것은 책임이며 공동의 이익이 우선시 되어야 한다는 점을 강조하고 있는 작품이다. 이 밖에도 <탄핵 백서를 읽고>라는 작품에서도 '촛불의 광풍', '추잡한 위선', '살아있는 의병의 정기' 같은 표현들은 시민의 울분이 그대로 표출된 것이며 불의에 맞선 용기가 보이는 듯하다.

> 부안 땅 매창공원 경내가 깨끗하고
> 시비는 질서 있게 비림을 이루었네
> 촌은과 아름다운 정 이화우에 엿보인다. -첫수
>
> 더위에 쉬고 있어 매장 바람 시원한데
> 어디서 바람결에 탄금소리 들려오네
> 그 옛날 즐겨 부르던 상사곡이 은은하다. -셋째 수
> 「매창공원梅窓公園에서」

화산華山 시인께서 매창공원을 둘러보면서 소회를 적은 시조이다.

전북 부안의 매창공원은 조선 여류시인으로 명성을 떨치던 명기 매창의 이름을 따서 세운 공원이다. 매창梅窓은 부안의 기생으로 황진이와 쌍벽을 이룬 조선의 명기이며 본명은 이향금李香今이다. 37세의 젊은 나이에 요절한 그의 시조는 지금까지 많은 이의 심금을 울리며 전해 오고 있다.

"이화우 흩뿌릴 제 울며 잡고 이별한 임/ 추풍 낙엽에 저도 날 생각는가/천리에 외로운 꿈만 오락가락 하노라//"

이 노래는 유희경村隱과 이별하며 지은 노래이다.

첫수 종장 '촌은'과 아름다운 정이 '이화우'에 엿보인다. 즉 '이화우'로 시작되는 그의 작품이 떠오른다는 얘기가 된다. 촌은村隱 유희경과의 애틋한 정이 느껴진다는 비유를 하여 더욱 실감 나도록 엮었다

셋째 수 중장에서 '어디서 바람결에 탄금소리 들려오네'라는 시인이 아니면 들을 수 없는 감정이다. 시인의 눈과 귀는 일반인과 다르다. 바람 소리도 가야금 소리로 들을 수 있고 상사곡이 되어 은은히 들려오기도 한다. 이 작품은 서정성을 드러내면서도 시조 형식을 잘 지키고 있는 아름다운 노랫가락이다.

> 단지회 열두 사람 겨레 흔 살아나고
> 피로써 대한독립 태극기에 선명하며
> 뜻한바 민족 대의면 성패 떠나 앞장섰다. -둘째 수
>
> 의연한 그 기상은 하늘이 감동하고
> 거룩한 그 자취는 청사에 영원하네
> 한민족 자유 통일도 혼과 의로 완성하자. -넷째 수
> 「안중근安重根 평전評傳」을 읽고 둘째, 넷째 수

이 작품을 접하는 순간 화자의 격한 감정을 보는 듯하다.
아마 작가는 안중근 의사를 가장 흠모하는 열사로 마음에 모시고 살 것 같다.

국가를 사랑하고 민족의 장래를 걱정하는 안중근 의사야말로 우리 모두가 잊지 말아야 할 정신적 지주이며 후세에도 길이 추앙推仰받아야 할 역사의 증인이다.

둘째 수 초장에서 '단지회斷指會'를 조직할 때 그분들의 결의는 하늘도 막지 못했을 것 같다. 모골毛骨이 송연然해짐을 느낀다. 손가락을 자를 때 나온 피를 묻혀 쓴 태극기, 그 애국정신을 생각하면 눈물이 솟아난다.

민족의 독립이란 대의大義 앞에 투사鬪士의 목숨은 한낱 초개草芥와 같은 것이다. 안중근 의사의 기상은 하늘보다 더 높고 그 정신은 거룩하여 청사에 빛날 것이라 확신하는 작가의 모습이 눈에 선하다. 이런 화산 시인의 정신은 조상에게 물려받은 정의에 불타는 선비정신에 온 것이 분명하다.

종장에서 '한민족 자유 통일도 혼과 의로 완성하자'라는 시인의 절규가 삼천리 방방곡곡에 메아리치는 것 같다.

독립투사들의 애국정신을 되새겨보면서 현재를 무사안일로 살아가는 우리는 부끄러워할 줄 알아야 한다. 못난 후손들이 되지 않기 위해 스스로 자신을 돌아볼 때이다.

> 거실 옆 화분에는 호접란 우아하고
> 북창 밖 정원에는 벚꽃이 화사하며
> 때 되어 봄은 왔는데 우리 봄은 겨울이다.

모임을 할 수 없어 자유도 간 곳 없고
사람은 우울하고 온 나라 감옥이네
중국산 우한 코로나 뭐가 좋아 개방했나.
「춘래불사춘春來不似春」 전문

느닷없는 코로나의 습격으로 온 세상은 한때 혼절한 듯싶었다. 이때 답답한 심정을 읊은 작품으로 보인다. 지금은 어느 정도 기세가 꺾여 제자리로 돌아가고 있는 중이지만 완전히 박멸한 것은 아니다.

초기에는 '우한 코로나'로 불러 역병의 발생지가 중국의 '우한' 지역임을 나타냈는데 어느 때부터인지 코로나19라는 새로운 이름을 붙이고 중국의 눈치를 살피기 시작했다. 그러나 진실은 밝혀지게 마련이다.

이 작품은 시조에서 요구하는 간결성을 잘 갖추었다. 불필요한 조사를 생략하여 간결성을 잘 유지하였다. 첫수 종장에서 "때 되어 봄은 왔는데 우리 봄은 겨울이다."라고 한 것도 노시인의 안타까운 심정을 그대로 반영하고 있다.

이 '춘래불사춘'이란 말의 어원은 왕소군王昭君의 슬픈 사연을 노래한 당唐나라 시인 동방규의 시 「소원」에서 '춘래불사춘'이란 말이 유래했다고 한다.

코로나가 한창 극성을 부리던 때에는 봄이 와도 봄 온 줄을 모르고 지났다. 말 그대로 창살 없는 감옥이나 다름없었다. 그래서 시인은 봄은 왔으나 우리의 봄은 겨울이라고 은 유법을 도입하였다.

그러나 이와 같은 춘래불사준의 심정은 비단 코로나라는 역병의 시대에만 느끼는 현상은 아니다. 작금의 정치 현실, 사회적 이슈(issue: 논쟁거리)를 보면 때와 장소를 가리지 않고 나타나는 '춘래불사춘'은 우리 사회의 씁쓸한 단면이 되기도 한다.

> 이른 봄 수많은 꽃 아름답게 피어 있고
> 가을밤 무수한 별 질서 있게 운행하며
> 우주는 균형 원리로 자연 질서 유지한다.
>
> 하늘은 우주 마음 무형의 중심이요
> 사람은 하늘 마음 유형의 중심이며
> 마음에 우주가 있어 균형론이 자연이다.
>
> 「균형론均衡論」

이 작품을 보면서 동학사상이 떠올랐다. 즉 人乃天이라는 천도교의 기본 사상이다. 하늘의 마음이나 사람의 마음은 근본이 인仁일 진대 어찌 다를 수 있겠는가?

이 작품에서 작가의 깊은 사유의 세계를 볼 수 있다. 장자의 자연주의 철학과도 일맥상통하는 데가 있다. 너와 나를 가르는 이분법적 사고가 아니라 항상 너의 입장에 내가 서

있다고 생각해 보면 우리는 누구를 미워할 일도 원망할 일도 없게 된다. 오스트리아의 심리학자 프리츠 하이더(Fritz heider)가 주장한 심리학이다. 즉, 사람은 자신의 가치관, 신념, 행동이 주변 환경과 일치할 때 안정감을 느낀다는 설이다. 그러나 이런 주장은 이론일 뿐이고 현실에 있어서는 내가 주변 환경에 맞춰가야 하는 지혜가 때로는 필요하다.

 이러한 균형 잡힌 이론은 나를 비워내는 일에서부터 출발해야 한다고 본다. 비워내지 않으면 이러한 균형이론을 말하기는 어렵다. 마치 반가사유상의 고뇌하는 모습을 보는 것 같다.

  계실 때 뜻을 살펴 마음을 편케 하고
  표정은 항상 밝고 말씨는 부드럽게
  추호도 불순한 언행 있어서는 안 된다.
          「효孝의 본질本質」-첫수

 논어에 보면 공자께서는 효에 대하여 다음과 같이 말한다.

  "부모님을 뵐 때 근심이 있으면 어두운 낯빛을 보일 수도 있고, 기쁜 일이 있으면 밝은 얼굴을 하게 되는데 항상 낯빛을 일정하게 하여 부모님의 근심을 덜어 드려야 할 것이다." 그렇다 이것이 효의 본 모습일 것이다.

화산시인의 효孝에 대한 생각과 조금도 다르지 않다. 우리 조상들은 효孝를 자식 된 도리道理의 첫 번째로 꼽았다. 요즘 세태에 비추어 볼 때 많은 이견異見이 있을 수 있겠으나 아직도 이 도덕적 관념은 윤리의 범주를 벗어나지 않을 것이다. 작가의 말대로 살아계실 때 마음을 편하게 해드리는 것보다 더 큰 효는 없다. 효孝의 본질本質이다.

송강 정철의 <훈민가>가 생각난다.

"아바님 날 나흐시고 어마님 날 기르시니/두분곳 아니면 이 몸이 사라시랴/하늘 같은 은덕恩德을 어데 다혀 갑사오리//"

요즘 지상을 떠들썩하게 만드는 비이성적 사건을 보면서 나 자신을 돌아보게 하는 작품이다. 부모에 효도하라는 작가의 가르침이 쩌렁쩌렁 울리는 듯하다.

제사는 가례 따라 성으로 받드셨고
손님은 어느 때나 예로서 대하셨네
현명한 모성으로서 재와 덕을 겸했다.

주위가 어두워도 표정은 항상 밝고
인화에 힘쓰시고 언쟁은 본적 없어
계실 때 훌륭한 언행 깊은 뜻을 받든다.

『현명賢明한 모성母性』

자모慈母이신 어머님의 기일을 맞아 현명한 모성母性을 회억回憶하며 쓴 작품이다. 시인께서 효의 본질을 알게 된 것도 아마 현명한 어머니의 평소 언행을 보시고 배운 덕목이 아닌가 한다. 우리는 맹모삼천지교孟母三遷之敎라는 말을 익히 잘 알고 있는 터이다. 이처럼 어머니가 그 자식에 미치는 영향은 실로 지대하다고 아니 할 수 없다. 시인 역시 어머니의 일거수일투족一擧手一投足을 보면서 효란 무엇인지를 일찍 깨달은 바 있는 것 같다. 하기야 사대부 집안의 엄격한 가풍風에 따른 윤리 도덕은 비록 어머니뿐만 아니겠지만 자녀들에게 가장 큰 영향을 끼치는 인물은 역시 어머니이다.

이 작품을 읽으면 시인의 어머니는 얼마나 훌륭하신 분인지 금방 짐작을 하고도 남음이 있다. 한 가정의 평화와 화목은 어머니의 가르침에 따라 크게 좌우된다고 본다. 그래서 황혼기에 접어든 시인은 그 옛날을 회억하며 어머니를 그리워하고 있는 것이 아닐까?

> 뜻있는 가을밤을 마음에 새기면서
> 서귀포 해안가를 별보고 걷고 있네
> 오늘밤 마음의 정은 해인海印으로 남긴다.
> 　　　　　　　　　「서귀포西歸浦의 가을밤」 전문

종장 사전에서 찾아보면 '해인海印'이라는 말을 보면 "우주의 일체를 깨달아 아는 부처의 지혜. 모든 법을 비추어 보는 것이 바다에 만상萬像이 나타나는 것과 같다는 데에 비유하여 이르는 말이다."라고 풀이되어 있다. 감히 부처님의 지혜를 어찌 알까마는 이 말이 의미하는 바는 어렴풋이나마 짚어 볼 수 있다.

필자가 오래전에 합천 해인사를 방문한 적이 있는데 이 '해인海印'이라는 의미를 몰라 고심한 적이 있다.

지금 화자는 서귀포 해안가를 걸으면서 해인海印에 대해 고뇌하는 모습으로 나타난다. 노시인의 달관達觀한 우주관이 잘 드러난 작품이라 하겠다.

> 지도자 굳은 의지 강철로 무장하고
> 온 국민 뭉친 마음 하늘이 감동하면
> 바라던 자유 통일은 우리 앞에 와 있다.
> 　　　　　　　　　　　　「통일統一로 가는 길」 전문

통일은 우리의 소원이다. 혈육의 정을 끊는 이념의 벽에 막혀 살아온 지 어언 한 세기가 다 되어 간다. 만물의 영장이라는 인간이 한낱 이념의 굴레에 갇혀 미물만도 못한 삶을 살고 있다는 것은 아이러니가 아닐 수 없다. 6.25라는 끔찍한 전쟁으로 얼마나 많은 목숨이 한 줌 흙이 되어 아직도 고향을 그리며 눈을 못 감고 있을까 하는 생각을 하면 가슴이 찢어진다.

올바른 지도자, 신념이 강한 지도자는 아직도 나타나지 않는 것일까? 비록 일부一部에 지나지 않지만 소위 이 사회를 선도해 간다고 자처自處하는 지식인들이 자기의 사익을 채우기 위해 굴종도 마다하지 않는 모습을 보면 서글프기까지 하다.

종장에서 '바라던 자유 통일은 우리 앞에 와 있다.'라는 말이 독자에게 던지는 메시지는 무엇일까? 마음만 먹으면 가능한 일을 두고 체제의 유지나 권력의 맛을 향유하기 위해 우민화 정책을 쓰는 것은 아닐까 하는 의구심이 들 때도 있다. 아마 권력의 본질일 지도 모르지만, 지도자와 국민이 맘만 먹으면 해낼 수 있는 일을 미적거린다고 야단치는 말로 들린다.

통일을 위해서는 지도자나 국민이나 한마음이 되어야 하는데 과연 지금 우리의 사회 현상은 어떨까? 아직도 우리 사회는 좌우로 편을 갈래 싸우기에 여념이 없으니 그 근본적 원인을 반드시 찾아내어 남북이 하나 되는 통일안을 마련해야 한다.

노시인詩人의 이 간절한 소원이 조속히 이루어지기를 기대해 본다.

현세에 인연 있어 고락을 같이하다
어느 날 병마에서 우리와 이별하고
영원히 못 돌아오는 피안 길을 걸었다

부모님 가신 길에 성의를 다하였고
자녀의 교육에도 온 힘을 쏟았는데
지금은 혼자 남아서 고마움에 젖는다.

지난 일 생각하니 인생이 순간인 걸
할 말은 너무 많고 못한 일 끝이 없어
내세에 인연 되어서 다시 한번 만나자

당신이 떠난 후에 시조에 관심 있어
내년에 출판 계획 은밀히 밝혀보네
오늘은 이별의 그 날 슬프면서 아프다.

「미완未完의 정情」 전문

이 작품은 사부곡思婦曲이다. 절절한 그리움과 미안함이 배어 있는 노시인의 사랑가이다. 우리는 회자정리會者定離의 질서를 벗어날 수 없다. 조물주의 섭리이며 자연의 질서이다. 그렇지만 정情 때문에 우리는 스스로 그 끈 한쪽을 놓지 못해 애태우고 그리워하며 살아간다.

첫수에서는 이별의 아픔을, 둘째 수에서는 아내에 대한 고마움을, 셋째 수에서는 삶의 허무와 내세관을, 그리고 넷째 수에서 당신을 위해 시조 작품을 바치겠다는 노시인의 아름다운 모습과 애틋한 사랑을 말하고 있다.

이러한 감정은 비단 화산 시인에게만 해당하는 것은 아니지만 독자들은 가슴이 먹먹해지고 눈시울이 뜨거워질 것이다. 너무나 솔직한 감정에 매몰되고 말 것이다.

> 이념에 춤을 추고 정의는 간 곳 없어
> 나라가 어지럽고 현상現象이 급변하네
> 궁하면 통하는 진리 역경에서 찾아본다.
>
> 천시天時가 오는 소리 지축이 진동하네
> 시대가 찾고 있다. 김춘추 김유신을
> 통일은 위대한 역사 경건하게 기원한다.
> 「통일문統一門 앞에서」 전문

이 작품은 화산 시인께서 시조의 길로 들어서게 한 등단작이다.

통일문 앞에서 간절히 빌고 있는 시인의 마음이 보이는 듯하다. 우리 사회는 지나칠 정도로 이념 투쟁이 심하다. 소위 민주화 투쟁이라는 명분을 앞세워 운동권이라는 새로운 사회 계층이 나타났으나 그들은 그 연장선상에서 자기들만의 카르텔(Kartell)을 구성했다. 즉 사회 구조가 2분화 되는 계기로 나타났다. 이런 이념적 사고는 지금까지도 지속되어 많은 갈등을 야기하는 것 또한 사실이다. 한 민족의 통일을 지향하는 미래가 아니라 자기들의 이익을 지키려는 이상한 모습으로 발전한 것도 부인하기 어렵다.

그래서 시인께서는 나라가 어지럽고 현상이 급변하는 모습에 가슴을 치고 있는 것 같다. 삼국통일의 초석을 다진 김춘추와 김유신을 생각하며 통일문 앞에서 각오를 새롭게 다짐하는 모습이다.

Ⅲ. 마치며

지금까지 화산(華山) 권오학 시인의 작품을 몇 편 감상해 보았다. 앞서도 말했듯이 시인의 강직함과 국가 민족을 생각하는 마음이 특별하시다.

시인은 우리나라의 비틀거린 한 시대를 건너온 역사의 산증인이시다. 역사의 주인공은 언제나 솔직하고 겸손하고 애국충정에 불타고 있어야 한다. 희로애락의 모든 사연을 경험했기 때문이다. 그러나 그 시대 이 나라 주역들의 삶은 대부분은 가난과 아픔이다. 보릿고개를 넘어오셨고, 동족 간의 전쟁을 치르셨고 근대화의 역군으로 힘들게 살아오신 경험이 대부분이다. 이러한 눈물 어린 경험을 엮어 아침 이

슬처럼 영롱하고 진주처럼 값진 시조를 지어내셨으니 다시 한번 축하드린다.

이제 노을을 바라보면서 시조를 읊는 시인의 여유야말로 황혼보다 더 아름답고 고결하다. 인생의 황혼역黃昏驛에서 엮어낸 작품집 『한강』은 많은 이들의 부러움과 존경을 받을 일임은 분명하고 후배들에게도 귀감龜鑑이 될 것이라 확신한다.

부디 건강하시고 앞으로도 계속 좋은 글 많이 쓰시기를 바라며 이번 상재된 작품집이 여러 독자로부터 많은 사랑을 받았으면 하는 마음이다.

(2023. 7. 25.)

追記

가을의 독백

Sim, 가을인가 봅니다. 계곡의 물소리도 제법 차갑게 들리고, 가로의 코스모스도 한층 더 청초하여 가는 걸 보니 이젠 확실히 가을이 왔는가 봅니다.

가을! 산과 들이 아름다워지고 결실의 계절이 익어가고 있습니다.

나도 이 살찌고 티 없는 가을에 태어나서, 손꼽을 수 없는 많은 날, 오늘을 위하여 여기까지 왔습니다.

지사(志士)는 비추(悲秋)라 하였습니다. 지사야 되겠습니까마는 그런대로 가을이면, 의례 못다 핀 설계에 자신의 무력을 돌아보기도 하고, 뭔가 알 수 없는 비분(悲憤)의 심정도 가지곤 하였습니다.

가을이면 생각나는 사람들, 잊혀지지 않는 일들이 내 마음의 주변을 떠날 줄 모릅니다. 그러나 올해의 가을에는 도저히 잊을 수 없는 당신과의 추억(追憶)의 세계를 새롭게 하고, 몸 둘 곳 없는 오늘의 현실에서, 나는 마음 푸근한 하나의 정을 찾았습니다.

Sim, 이렇게 당신의 이름을 불러봅니다. 어느 먼 이역(異域)에서 향수를 느낀 듯합니다. 꼭 작년 이때쯤인가 기억합니다. 이 나라 농촌의 후진성(後進性)을 계몽해야 한다는 오늘의 현실을 자각하고 어느 마을 좌담회(座談會)에 참석했던 밤. 그날도 오늘따라 티 없는 하늘에는 무수한 별만이 반짝였으며, 가르마 같은 논길을 한없이 걸으면서, '하늘과 바람과 별과 시'를 이어 갔고, 나는 그날 밤, 잠 못 이룬 것을 기억합니다.

 Sim, 허식에 젖은 낡은 유교의 윤리관이 내 가치의 전부를 차지했던 지난날의 인생관을 깨끗이 씻고, 마음의 폐허 위에 내 항상 얘기하던 실존(實存)의 행동철학을 몸소 심겠습니다.
 공허한 자유, 자아주의 자존심, 자기감정의 자체를 무슨 큰 초연(超然)한 수양자(修養者)인 양 자처하고 걸어온 자신이 한없이 자괴(自愧)스럽기만 합니다.
 명예, 지위, 체면 이것들이 다 무엇입니까?
 '롯데'의 행복을 위하여, 슬픔의 최후를 마친 '베르테르'의 위대성, 오직 '시몬'을 믿으며 최후의 그 날까지 후회 없는 '렌'의 인간성을 좀 아는 것 같습니다.

 Sim, 나는 A군의 어느 강변에 도착하였습니다. 부조리(不

條理)와 비정(非情)이 연속된 오늘의 현실에서 나는 유유(攸攸)히 흐르는 역사 깊은 장강(長江)을 바라보며, 자신의 위치를 잊으면서, 내일의 희망을 찾는 것이 일과(日課)의 전부이기도 합니다.

지금 당신이 알찬 농촌을 만들기 위하여, 심혈을 기울이고 있는 그곳과는 인위적 공간이 있음은 부인할 수 없습니다.

나는 어딘가에 더 좋은 생활이 그리고 더욱 가치 있는 그 무엇이 있을 것 같은 부질없는 기대와 꿈 때문에 막상 그곳을 떠나고 보니, 당신을 생각하는 심정 하루도 떠날 날이 없음을 발견하였습니다.

Sim, 하나의 인간이 하나의 인간을 믿을 수 있고 사랑할 수 있다는 현실이 얼마나 어렵고 엄숙하다는 사실을 잘 알았습니다.

나는 오래전부터 하나의 여인상을 찾았습니다. 현대에 뒤떨어지지 않고 옛것을 잃지 않으며, 농촌의 흙을 친할 수 있고 도시의 먼지를 마실 수 있는 아름답고 진실한 여인상을 찾았는지도 모르겠습니다.

그러나 그렇게 애쓰며 찾던 여인상이 당신임을 나는 미처 몰랐습니다.

"한 송이 국화꽃을 피우기 위하여 봄부터 소쩍새는 그렇게 울었나 보다. 얼마나 많은 날을 애타고 가슴 조이며, 그 정열을 바쳐 왔습니다.

Sim, 나는 당신의 언행에서 누구도 따를 수 없는 교양미를 찾았고, 춘원 작품(春園 作品)의 비판에서 총명한 이지(理智)를 봤으며, 격의 없는 가정의 소개에서 솔직성을 발견하였습니다.

당신의 눈에서 넘쳐흐르는 정을 보았고, 힘써 애쓰는 오늘의 활동에서, 의지할 줄 모르는 생활력을 발견하였습니다.

나는 지금 알 수 없는 무한(無限)한 행복 된 자의식(自意識)이 맑은 호수처럼 내 마음의 한구석에 자리 잡고 있습니다.

Sim, 중추가절(仲秋佳節)을 막 지난가을의 밤은 깊어만 갑니다. 지금쯤 당신은 어느 세계에 무엇을 하고 있는지?

어느덧 자정(子正)이 넘었나 봅니다.

"님 그린 상사몽(相思夢)이 실솔(蟋蟀)의 넋이 되어 추야장(秋夜長) 깊은 밤에 님의 방에 들었다가 날 잊고 깊이든 잠을 깨워 불가하노라." 박효관의 작입니다.

얼마나 님을 그리워했기에 귀뚜라미 넋이 되어서, 잠든 님을 깨워볼까 하는 그 심정을, 부럽기도 하고 인간애도 느낍니다. 부질없는 생각이라 일소(一笑) 앞에 부칠 수 없는 오늘 밤의 심정(心情)입니다.

  Sim, 나도 이정표(里程表) 없는 맹목적(盲目的) 사람은 아닙니다. 정(情)과 의(義)를 생명으로 알고, 오직 바르고 참되게 생활하겠다는 목표가 생활의 신조(信條)이며, 내일을 위하여 오늘에 충실 하는 아량(雅量)도 가졌습니다.

  나는 당신을 생각하면서, 가을이 깊어가는 오늘 이 밤에, 혼자서 생애(生涯) 처음 나의 내면세계(內面世界)를 자신(自身)에게 독백(獨白)하고 있습니다.

1964. 9. 25. (安東郡報)

花源樂譜 新考

 長久한 時間을 거쳐서 傳承한 民族의 時調를 순수한 樂譜로 整理해서 編修하겠다는 編集者의 뜻이 反映된 時調集이 花源樂譜이다.

 이와 같이 時調 한 수를 수록할 때 歌曲唱 形式으로 5章으로 分章하여 띄어 쓰고 있어 歌曲唱의 便利를 도모하고 있다.

 알 수 없는 理由로 240年이란 긴 歲月을 市中에 傳해오던 中 구韓末 歌曲源流의 全盛期에 外部의 加筆이 있어서 花源樂譜는 編成年代가 구韓末로 整理되고 本 모습은 完全히 없어져서 現在에 이르고 있다.

 不幸 中 花源樂譜의 原 內容은 加筆을 除外하면 本質에 變化가 없어, 어느 歌曲의 異本이 아니고 獨立的 正本이며, 편집연대도 수백 년의 차가 있어, 이러한 問題를 是正코자 함이 本 新考의 目的이다.

花源樂譜의 槪要

 花源樂譜는 現在 年代가 明確하지 않은 筆寫本인 時調集이다. 樂譜 첫面에 어느 女人이 장구를 치고 있는 場面(小石

試寫)을 비롯해서 次例部 9帳, 歌曲部 83帳, 空間部 3帳 합해서 95帳이다.

羽調初中大葉 等 26項目의 歌曲에 依해서 分類 配列하였으며, 모두 651首의 時調가 收錄되어 있다. 651首 有名作家 231수, 無名作家 420수가 수록되어 있으며, 作家는 高句麗 乙巴素에서 朝鮮末期 朴孝寬, 安玟英에 이르기까지 作品의 範圍가 1,000餘年에 걸쳐 있고, 作品의 身分은 君王에서 黃眞伊, 桂娘 等에 이르기까지 廣範圍하다.

첫 章,

    羽調初中大葉, 南風五絃, 行雲流水
    黃河水 맑다터니 聖人이 나시도다
    草野群賢이 다니러나단 말가
    어즈버 江山風月을 눌을 주고 이거나

鄭忠臣

끝章. 彅編

    金樽의 酒摘聲과 玉女의 解裙聲이
    此兩聲之中에 어늬소래 더욱 죠흐리
    아마도 月深三更에 解裙聲인가 하노라

(無名)

花源樂譜의 次例

    金得臣 序
    夫唱歌之法(金得臣)

歌曲源流 跋

歌論(詩大序, 五音通論 等)

　歌之風度形容十五條目, 長鼓長短

梅花点長短

調格(平調, 羽調, 界面調)

歌譜跋(歲黃鼠元月下弦)

花源樂譜序(龜隱, 手記于 桃源僑居焉)

歌譜(平調和, 羽調壯, 界面調怨)

歌曲(樂譜)別로 時調 651首 編成

花源樂譜 歌曲(樂譜)

其位\項目	歌曲(樂譜)	曲數	摘要
1	羽調初中大葉, 南薰五絃 行雲流水	3	
2	長大葉	1	
3	三中大葉, 高山放石, 項王躍馬	2	
4	界面調 初中大葉	1	
5	二中大葉, 海闊孤帆, 平川挾灘	1	
6	三中大葉	1	
7	後庭花, 雁叫霜天, 草裡驚蛇	1	
8	臺	1	
9	羽調初數大葉, 長袖善舞, 綠柳春風	9	
10	二數大葉 杏壇說法 雨順風調	39	
11	中擧	16	
12	平擧	22	
13	頭擧	91	

14	三數大葉, 轅門出將, 舞刀提賊	45	
15	搔聳伊, 暴風驟雨, 飛燕橫行	13	
16	栗糖數大葉, 舌战群儒, 變態風雲	4	
17	界面調, 初數大葉	3	
18	二數大葉	217	
19	蔓橫 舌战群儒, 變態風雲 俗稱弄	26	
20	弄歌 浣紗清天 逐浪飜覆	51	
21	界樂	31	
22	羽樂 堯風湯日 花爛春城	14	
23	弄樂	26	
24	弄樂 春秋風雨 楚漢乾坤	7	
25	編數大葉 大軍駈來 鼓角齊鳴	22	
26	弄編	4	
計		651	

花源樂譜 作家別 作品數

其位順序	姓名	作品數	摘要	其位順序	姓名	作品數	摘要
1	鄭忠臣	2		26	宋麟壽	1	
2	曺 植	2		27	孝宗大王	6	
3	具 容	1		28	李 浣	1	
4	李 滉	10		29	成 渾	1	
5	南九萬	1		30	趙存性	1	
6	眞 伊	3		31	任義直	6	
7	金學淵	2		32	黃 喜	3	

8	朴孝寬	11		33	趙昱	1	
9	成守琛	2		34	宋寅	1	
10	成石璘	1		35	英宗大王	1	
11	徐敬德	1		36	元天錫	2	
12	李安訥	1		37	嚴昕	1	
13	李稷	1		38	趙顯明	1	
14	圃隱母	1		39	李在	1	
15	李澤	1		40	金尙容	1	
16	元觀瀾	1		41	卞季良	1	
17	金塗	1		42	安玟英	13	
18	朴仁老	1		43	金敏淳	2	
19	朴誾	2		44	李存吾	1	
20	宋挺	1		45	崔沖	2	
21	洪春卿	1		46	林慶業	1	
22	盧守愼	1		47	金裕器	3	
23	奇大升	1		48	楊士彦	1	
24	鄭希良	1		49	金光煜	5	
25	朱義植	1		50	李穡	2	

花源樂譜 作家別 作品數

其位順序	姓名	作品數	摘要	其位順序	姓名	作品數	摘要
51	鄭 澈	6		76	兪應孚	1	
52	李鼎輔	1		77	鄭 澈	3	
53	成汝完	1		78	李恒福	3	
54	李華鎭	1		79	朴英秀	5	
55	鄭夢周	2		80	王邦衍	1	
56	月山大君	1		81	李廷藎	7	
57	朴彭年	1		82	李象斗	1	
58	金宗瑞	3		83	金玄成	1	
59	南 怡	1		84	李陽元	1	
60	孫瑩洙	1		85	申光漢	1	
61	石 坡	2		86	李德馨	3	
62	蔡裕後	1		87	趙 憲	2	
63	申 欽	4		88	成宗大王	1	
64	張 晚	1		89	李兆年	1	
65	金昌濰	1		90	李舜臣	2	
66	肅宗大王	1		91	鄭斗卿	1	
67	柳自新	2		92	成 運	1	
68	宋宗元	5		93	李載冕	1	
69	郭 興	2		94	孟思誠	1	

其位順序	姓名	作品數	摘要	其位順序	姓名	作品數	摘要
70	桂 娘	1		95	朴泰輔	2	
71	河緯地	2		96	吉 再	2	
72	金尙玉	1		97	梁應景	1	
73	禹 倬	1		98	林 悌	2	
74	李賢輔	1		99	具志禎	1	
75	鄭道傳	1		100	趙 浚	1	

花源樂譜 作家別 作品數

其位順序	姓名	作品數	摘要	其位順序	姓名	作品數	摘要
101	鄭太和	1		126	徐 甄	1	
102	成 渾	1		127	吳京化	1	
103	成世昌	1					
104	金麟厚	1					
105	扈錫均	3					
106	李元翼	1					
107	李之蘭	1					
108	成三問	2					
109	洪翼漢	1					
110	朴後雄	1					
111	柳誠源	1					
112	趙明履	1					

113	鄭 蘊	1					
114	乙巴素	1					
115	金 育	1					
116	李仲集	1					
117	林 晋	1					
118	洪 暹	1					
119	曹漢英	2					
120	徐 益	1					
121	金昌集	1					
122	許 珽	1					
123	張 淮	1					
124	太宗大王	1					
125	南 怡	1			合啓	127명	231수

人的事項 確認不可者 名單

順序	其他 姓名	歌曲數	時代區分	作家番號	摘要
1	金學淵	2		7	
2	元觀瀾	1		16	
3	朴 誾	2		19	
4	宋 挺	1		20	
5	孫瑩洙	1		60	
6	宋宗元	5		68	

7	李象斗	1		82	
8	梁應景	1		97	
9	李仲集	1		116	
10	張 淮	1		123	
11	吳京化	1		127	
計	11人	17			

花源樂譜의 現在 通說

現在 三大 歌曲 中 靑丘永言은 英祖24年(1728年) 金天澤 편찬이고 海東歌謠는 英祖39年(1763年) 金壽長 편찬이며, 歌曲源流는 高宗13年(1876年) 朴孝寬, 安玟英 둘의 편찬으로 되어 있다.

그러나 花源樂譜는 高宗22年(1885年 ?) 龜隱 편찬으로 年代는 推測한다로 되어 있고, 歌曲源流 異本으로 確認하고 있음이 通說이다.

花源樂譜의 時代 背景

宣祖25年(1592年) 壬辰倭亂과 仁祖14年(1636年) 丙子胡亂 等 初有의 두 번의 戰亂을 겪으면서 40餘年이 지나는 狀況에서, 社會의 價値觀은 到處에 많은 變化가 일어나고 있었다.

이와 같은 時期에 花源樂譜가 仁祖23年(1645年)에 龜隱이

라는 先覺者가 時代의 要求에 依해서 編纂되었다고 본다.

 이 같은 史的 背景은 高麗 武臣政權과 蒙亂 後에도 雙花店, 滿殿春 등 歌曲이 나왔고, 近代 6.25 動亂 後에도 同一한 현상임을 否認할 수 없다.

花源樂譜의 編輯 時期

 花源樂譜의 編輯者는 序文 後記에 歲旃蒙作噩 四之日 旣生魄後 5丁酉 龜隱 手記于 桃源 僑居焉이라 記錄되어 있다. 卽旃蒙은 古甲子에 十干의 乙 作噩는 十二支에 酉다.

 그러면 龜隱은 乙酉年 4月 20日(丁酉日)에 序文을 記錄했다고 본다. 그러므로 乙酉年은 通說(1885年 ?, 高宗 22年)이 아니고, 乙酉年은 1645年(仁祖23年)이며, 그리고 跋文도 歲黃鼠 元月下弦으로 記錄되어 있으니 戊子年은 1648年(仁祖26年)이라 思料된다.

 花源樂譜에 登場人物 中 生沒年代가 分明한 사람은 序文에 登載된 金得臣 뿐이다. 栢谷의 序文이 龜隱의 序文과 時期가 같다면 栢谷은 當時 42歲다.

編集者의 詩歌觀

 "노래(歌)라는 것은 나뭇가지이다. 노래에 말이 있는 것은 나무에 가지가 있는 것과 같다……. 노래가 끝내 없어질 수 없음은 나무에 가지가 없어질 수 없음과 같이 分明하다." 했으며, (歌者, 柯也, 歌之於言 猶木之有枝 柯也……

歌之 終不可泯滅 如木之 不可無枝 柯也明矣) "이제 古今의 歌曲을 찾아서 分類하고 太溢을 정리하여 등사해서 책을 만들었다……. 양성의 도에 도움이 있지 않을까 하여"……. (今始搜得 我東今古之歌闋 分類蒐輯 刪闕宜刪者 斥其太溢者 抄謄成卷……. 且或有補於養性之道云爾)

이와 같이 歌曲源流와는 편집의 뜻이 다르다.

龜隱, 栢谷, 松谷과의 關係

龜隱은 花源樂譜의 編集者, 栢谷은 金得臣의 號로 花源樂譜의 序文에 登載된 人物이며, 松谷은 趙復陽으로서 그의 編歌集에 栢谷이 序文을 썼다. 위 세 사람의 關係가 整理되면 花源樂譜도 自然히 正常化되리라고 思料된다.

金得臣은 宣祖37年(1604年)에서 肅宗10年(1684年) 間의 人物이다. 本은 安東, 號는 栢谷이며 晋州牧使 金時敏의 孫이고, 副提學 緻의 아들이며, 詩人이다. 현종3年 增廣文科에 及第, 嘉善大夫 안풍군에 封했다. 讀書를 좋아해서 特히 百夷傳을 17億1萬3千番을 읽어서 自身의 書齋를 億萬齋라 했다.

趙復陽은 光海元年(1609年)에서 顯宗12年(1671年) 사이의 人物이다. 松谷은 그의 號다. 조선조 文臣이며, 左議政 趙

翼의 아들이다. 仁祖16年(1638年) 庭試 文科에 及第했으며, 孝宗8年(1657年)에 宮中音樂의 타락을 지적 이를 是正할 것을 촉구하고 樂章玉冊敎文을 撰한 바 있다.

　禮曹判書, 大提學을 겸했다. 音樂에 關心이 있는 學者다. 이와 같이 두 사람은 士大夫로서 交流가 깊은 사람이다. 龜隱은 花源樂譜의 編集者로서 編集時期는 確認되나 生沒年代는 알 길이 없다.

　그러나 龜隱은 古今의 歌曲을 찾아서 分類하고 太淫을 整理하여 "花源樂譜를 編集하였으며, 그 序文의 詩歌觀이 위 松谷의 音樂觀과 같고, 生存年代가 같다고 보아 같은 士族이면서 交流가 있었다고 본다.

金得臣의 序文과 夫唱歌之法

　花源樂譜에 金得臣의 序文과 夫唱歌之法은 花源樂譜와 가람본 靑丘永言에만 存在하며, 가람본은 哲宗3年(1852年) 筆寫本이다.

　靑丘永言의 金得臣 序文과 夫唱歌之法은 花源樂譜에서 轉寫되었다고 보며. 歌論도 총론에서 詩大序 五音通論, 太師公 禮樂序, 邵子 等 個別 整理된 흔적이 보인다. 그리고 靑丘永言 編者 金天澤은 栢谷, 松谷과는 同時代의 人物이 아니므로 直接 교류는 없었다고 본다.

花源樂譜에 金得臣의 序文은, 松谷의 編歌集에서 交流되었다고 推論되나, 夫唱歌之法은 金得臣의 作品이 分明하다 하겠다.

金得臣의 序文에 연결하면서 끝 부분에 "自道 金老深이 노래가 점차 인멸하여 감을 탄식한 것을 나 또한 개탄한다." 하였다.

三大歌謠와 編歌集 花源樂譜

青丘永言과 海東歌謠는 時代의 흐름에서, 金天澤과 金壽長을 中心으로 歌壇의 理解와 協助에 依해서 編纂된 時調集이며, 歌曲源流도 朴孝寬. 安玟英 等은 歌客들이 모인 老人契와 承平契의 中心人物로 만들어진 時調集이다.

이와 같이 대중의 힘에 依해서, 오늘 三大歌謠集으로 成長했다고 思料된다. 그러나 金得臣의 序文에 등제된 松谷의 編歌集과 花源樂譜는 理論에 겸비된 當時 士族으로서 太淫을 整理하고 養性에 도움이 되는 歌曲을 編撰하였다. 이와 같이 理論만 가지고 市中의 호응을 얻지 못하여 松谷의 編歌集은 現在 찾을 길이 없고, 花源樂譜는 명맥만 傳하고 있으나, 他人의 手中에서 內容이 變貌하여 原型을 찾기 어려우니 안타깝다.

特히 花源樂譜는 筆寫本이 전승하다 보니 구한말 歌曲源

流 時期에 加筆이 甚하여서 玉石을 分別할 수 없는 狀況이다. 그러나 歌曲源流 跋文과 肅宗 이후 歌曲은 全部 加筆되었다고 보면 無難하다고 思料된다.

花源樂譜에 加筆된 推定作品

順序\其他	姓名	歌曲數	時代區分	作品番號	摘要
1	朴孝寬	11	高宗時	8	
2	安玟英	13	高宗時	42	
3	石 坡	2	高宗時	61	
4	安載冕	1	高宗時	93	
5	英 祖	1	英祖時	35	
6	肅 宗	1	肅宗時	66	
7	金昌渝	1	肅宗時	65	
8	朴太輔	2	肅宗時	95	
9	金昌集	1	肅宗時	121	
10	南九萬	1	肅宗時	5	
11	金裕器	3	肅宗時	47	
12	趙明履	1	肅宗時	112	
13	趙顯明	1	英祖時	38	
14	李 在	1	英祖時	39	
15	李華鎭	1	肅宗時	54	

16	朱義植	1	肅宗時	25	
17	金敏淳	2	純祖時	43	
18	金尙玉	1	正祖時	72	
19	朴後雄	1	肅宗時	110	
20	扈錫均	3	哲宗時	105	
21	朴英秀	1	高宗時	79	
22	任義直	6	高宗時	31	
23	李廷藎	7	肅宗時	81	
24	具志禎	1	肅宗時	99	
計	24人	64首			

結論

花源樂譜의 여러 事實을 考察한 結果, 현재 一般通說과 같이 歌曲源流의 異本이 아니고 獨自的 正本임은 確實하다 思料된다.

重要한 編撰年代는 구한말 高宗 22年(1885年 ?)은 오류이고, 仁祖 23年(1645年)이 正確하다 思料된다. 그렇다면 靑丘永言(英祖4年 : 1728年) 편찬보다 83年이 앞섰다고 보며, 이는 時調歷史 上 重大한 問題가 아닐 수 없다. 龜隱, 栢谷, 松谷 세 사람은 같은 時代人物로 交流가 있었다고 思料되며, 時代

의 狀況에서 宮中, 市中의 타락상이 甚해서 松谷은 樂章玉冊 敎文과 編歌集을 撰하고, 龜隱은 古今의 歌曲을 찾아서, 太淫을 整理하고, 養性의 道에 힘써서 "花源樂譜"를 편찬하였으니, 時代의 價値觀과 詩歌觀이 같다고 보며, 松谷은 두 사람에게 序文과 夫唱歌之法을 썼으니 그 功이 크다 하겠다.

花源樂譜의 잃어버린 價値를 찾아서 正常으로 回復하겠다는 意志가 筆者의 心情이다.

앞으로 斯界의 專門家가 歷史的 事實을 바로 잡아서 좋은 結果 있기 바라면서, 本 花源樂譜 新考의 뜻을 밝히면서 諒解를 바랍니다.

2023. 3. 15.

華山 書齋에서

權 五 學 新考

參考: 筆者가 所藏한 花源樂譜는 成均館大學校 尊經閣 所藏 影印本이다.

■ 후기

餘白여백의 章장

시조時調 111편, 추기追記 2편(가을의 독백, 화원 악보 신고) 서문(필자의 변), 평론(한강이 품은 뜻은)을 시조집 『한강漢江』에 담아 보았다.

어느덧 먼 길에서 온 것 같아 감회가 새롭다. 작품의 활동에서, 다녀온 몇 곳의 일화逸話를 소개하고, 시조집, 한강漢江에 관한 내면의 뜻을 밝히고자 한다.

현재 나라의 현실이 1,500년 전 삼국통일 전과 같아서 경주를 방문하여, 당시 통일 주역인 위인들의 능과 국민통합의 상징인 황룡사 유적을 찾아보고 느낀 점은 그분들의 고뇌와 추진력을 배워야 한다고 생각했다. 즉 지도자의 통일에 대한 강력한 의지意志, 국민통합, 외교력外交力의 강화다.

역사적 사실과 현실을 깊이 생각하면 현 상황이 그 당시보다 어렵지 않다고 확신한다.

다음은 석촌역 부근 삼전도비三田渡碑를 찾았을 때, 주위에 아는 사람이 없어. 방황하던 중, 우연히 고귀연高貴蓮 여사를 만나서 쉽게 찾을 수 있었고, 제주 여행에 고여사高女史의 초청을 받아서(제주시 서귀포에 주택이 있다) 삼성혈, 추사 유적지를 보고 "서귀포의 가을밤"을 해인海印으로 남겼다. 그분은 경북 군위 출신이며, 교육 사업가로서 성공한 사람이다. 제주에서 3일간의 호의에 감사의 뜻을 표합니다.

전북 부안군 매창공원을 찾았을 때, 부안 문화원 김경성 사무국장을 만나서 이매창李梅窓에 관한 많은 대화가 있었고, 현재 계랑桂娘의 시조는 한 수뿐이라는 사실과 "이화우 흩날릴 제" 책(부안 문화원 발행)을 선물로 받았다.

시조집 『한강漢江』에 대한 내면內面의 뜻은, 한강은 대한민국 서울을 상징하고, 나라의 중심 강이며, 겨레의 역사와 같이 해온 강이다. 북한강은 강원도(북한) 금강산군의 옥천봉에서 발원하여 경기도 양평군 양수리에서, 남한강과 만나서 한강의 본류가 되고, 압록강도 스스로 흘러 서해서 한강과 만나 교류하고 있다.

이와 같이 강물은 스스로 흘러 교류하고 자기 길을 가고 있는데, 우리는 무엇을 하고 있는가?

한강漢江의 뜻이 여기에 있다.

백두산 높이 솟아 위용을 자랑하고
한강물 다시 흘러 바다로 가고 있어
자연은 질서에 따라 바른 길을 찾는다.

2023. 8. 10.

화산서재華山書齋에서 권오학